総合力

女性が活躍する社会に
必要な15のマネジメント
能力を磨いて、新しい
あなたを創り出す

岡田　東詩子

ビジネス教育出版社

はじめに

　あなたは自分の能力を適切に把握できていますか。そして、その能力を発揮できていますか。

　そもそも能力がないなんて思っていませんか。

　様々なビジネススキルに関する書籍がありますが、本書は、仕事もプライベートも充実させてしあわせになりたいと思っている女性のための本です。女性が男性化するようなビジネススキルを磨く方法ではなく、女性らしく（＝自分らしく）ありながら実力をつける方法を紹介していきます。

　いま社会は女性の活躍を推進しています。女性が安心・満足して働き続けることができる職場環境づくりのための法整備が進められ、女性が自分らしくキャリア形成を目指すことが可能になってきました。あなたを取り巻く状況を見渡してみましょう。もしかしたら、あなたが理想としている実現を足止めしているものは、あなたの心の壁だけになっているかもしれません。

　さらに、本書ではあなたが本来持つ力を見直して実力をつけていくことに加えて、管理職（職場のリーダー）として他者をマネジメントする方法も紹介しています。

　いま社会は女性が管理職となることを推進しています。企業は管理職に対して、自分の能力を最大限に発揮して業績を向上させるだけでなく、部下の育成、組織全体の強化を担うことを求めています。これらの能力は、練習を通じて身につけることができます。管理職として他者をマネジメントする自信がないという人は、本書を通じて、自信をつけてキャリア形成につなげてください。

　本書は1章ではじめに女性を取り巻く社会環境を紹介します。これまでとこれからの社会を見据えた上で、自分自身をどのようにマネジメントしていくのか、今一度考えてみましょう。2章では、いま以上にしあわせに

なるために、自分をマネジメントする方法を磨き、3章では他者をマネジメントするために必要となる力を強化していきます。そして、最後の4章で情報化社会に必須の情報のマネジメント方法を磨いていきます。

あなたが気になった能力から読み進めてください。個々の能力は独立しているわけでなく互いに影響を及ぼし合っています。たとえば、伝達力が高い人は、調整力や交渉力も高いでしょう。気になった能力の一つを磨くことが結果、他の能力アップにつながるでしょう。

高等教育を受けて優秀であるにも関わらず、その能力に気づいていない方、うまく活かせていない方、あなたが本来持つ力を見直して、さらに磨きをかけ、仕事もプライベートも充実させて、いますぐしあわせになってください。本書があなたの能力を引き出す一助となれば幸いです。

岡田東詩子

目 次

総合力
～女性が活躍する社会に必要な15のマネジメント能力を磨いて、新しいあなたを創り出す～

はじめに

第1章 女性を取り巻く社会環境

なぜ、女性活躍が求められるのか……6
日本の人口と女性の労働環境／働くことへの日本女性の意識

「女性活躍推進法」Q＆A……18
女性活躍推進法とはどういうものでしょうか？／働く女性に対して、日本社会ではどのような法整備が行われてきたのでしょうか？／女性活躍推進法に基づいて、企業は何をする必要があるのでしょうか？／女性の活躍を実現するために、私にできる具体的なことは何でしょうか？／女性が磨くべき社会的な能力とは何でしょうか？

キャリア継続のための第一歩とは……27

第2章 自分をマネジメントする

計画力……32
Envision（理想を心に想い描くこと）が計画のスタート／マイ・テーマを設定する／働く理由を考える／『だとすれば』方式でポジティブに発想する／目標は小さくSMARTにする／逆算で計画を立てる／計画実現の秘訣

分析力……42
「問題」と「感情」を区別する／5W2Hで分析する／グルーピングで分析する／MECE（ミッシー、ミーシー）で分析する／フレームワークで分析する／縦と横の関係性で分析する／因果関係で分析する

発想力……51
ポジティブとネガティブ／「役」になって発想力を広げる／発想の転換方法／他者の立場にたつ／発想から提案に変える

決断力……56
自分の選択・決断基準を設定する／決める練習をする（実践）／失敗を恐れない

挑戦力……61
はじめの一歩を踏み出す／今までのバランスを見直す／「できている」イメージを描く／小さな挑戦からはじめる／他人の物差しを捨てる／インポスター症候群から脱出する／どうしても挑戦ができないときの対処法／挑戦し続けるためのセルフコーチング

対処力……68
リスクと危機への対処の流れ／リスクや危機を予測する／リスクと危機を対処する／予防策を講じる／人間関係のトラブルを対処する

感謝力 ･･････ 77
「正直」「親切」「愉快」な日々を送る／「当たり前」に感謝する／感謝の力でツキや運を呼ぶ／行動に移す／心からの感謝を表現する(注意点)

第3章　他者をマネジメントする

「自分をマネジメントする」力の応用 ･･････ 84
計画力／分析力／発想力／決断力／挑戦力／対処力／感謝力

受容力 ･･････ 93
状況を受け入れる／部下を受け入れる／受け入れる体制を整える

伝達力 ･･････ 100
伝える前のチェック項目／情報を伝える(指揮・指導・報告等)／相手を動かす(プレゼンテーション)／気持ちを伝え合う(共感・信頼構築)／言いにくいことを伝えるヒント

指導力 ･･････ 112
部下の個性(タイプ)を把握する／部下の能力を高める／フィードバックで部下を成長させる／部下の意識(モチベーション)を維持させる／部下の成功と失敗への対応

調整力 ･･････ 121
仕事内容(量と質)を調整する／労働時間を調整する／人間関係を整える／会議を調整する

交渉力 ･･････ 131
交渉の流れ／交渉を有利に進めるためのポイント／知っておきたい心理テクニック

第4章　情報をマネジメントする

「自分をマネジメントする」力の応用 ･･････ 140
計画力／分析力／発想力／決断力／挑戦力／対処力／感謝力

「他者をマネジメントする」力の応用 ･･････ 147
受容力／伝達力／指導力／調整力／交渉力

整理力 ･･････ 151
必要な情報は何かを考える／情報の集め方／情報の捨て方／情報の真偽の見分け方／情報のまとめ方

統合力 ･･････ 158
俯瞰する／概念化する／帰納的に意味づける／演繹的に意味づける／統合力で苦境を乗り越える

活用力 ･･････ 164
情報を確実に理解する／情報をもとに判断する／情報を用いて表現する／整理、統合、活用を繰り返す

おわりに
参考図書一覧

第 1 章

女性を取り巻く社会環境

1 なぜ、女性活躍が求められるのか

1．日本の人口と女性の労働環境

（1）求められる女性の労働力

　最初に、今の日本社会の実状を整理しておきましょう。

　日本の総人口は2017年では1億2,679万人[1] ですが、2053年には1億人を割り、2065年には8,808万人になると推計されています。そして、そのうち65歳以上の高齢者の割合は4割になり、5人の高齢者を6人の現役世代（20 〜 64歳）で支えなくてはならない社会が予測されています[2]。

　このまま少子化が続き労働力人口が減っていくと、近い将来、日本社会は破綻しかねません。極論ですが、深刻な人手不足によって労働生産性が落ち込み、賃金は低下するにもかかわらず、高額な社会保障費を負担しなければならないため、生活難となる国民が増えるでしょう。そして、貧困が治安の悪化を招くなど経済だけでなく社会全体が負の連鎖に陥ってしまいます。

　そこで、労働力人口を増やすために、日本社会において大きな潜在力となっている女性（働きたくても働けない女性たち、働くことができるのに働いていない女性たち）の社会での活躍が求められているのです。

※1　総務省統計局「人口推計」（平成29年2月確定値）

※2　国立社会保障・人口問題研究所「日本の将来人口推計（平成29年推計）」
　　　1人の高齢者（65歳以上）を何人の現役世代（20 〜 64歳）で支えるかの推移を見ると、1950年は10.0人で、1995年は4.3人で、2015年は2.3人で支えていたが、2023年には、2人で、2065年には1.3人で支えなければならないという予測がされている。

【年齢階級別人口の変化と高齢化率の推移(男女別)】

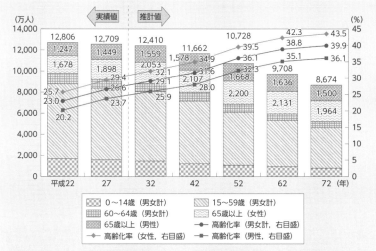

出典:内閣府男女共同参画局「男女共同参画白書(平成29年度版)」

(2) M字型カーブの改善

　女性のライフステージの各段階と就業の関係を示す「女性の年齢階級別労働力率」のグラフでは、日本ははっきりとしたM字型のカーブを描いています。これは、女性の出産や育児期に当たる25～44歳女性が仕事から離れ、子育てが落ち着いた44歳以降に仕事に就いていることを表しています[※3]。

　OECD諸国と比較すると、欧米諸国では女性労働力率のM字カーブは既に見られなくなっているにもかかわらず、日本女性の25～54歳の就業率は34ヵ国中23位(「雇用アウトルック2016」)と低いままです。日本政府は2020年までに25～44歳女性の就業率を73%まで上昇させること(M字カーブの解消)を目標に掲げています。

※3　内閣府男女共同参画局「主要国における女性の年齢階級別労働力率」男女共同参画白書(平成29年版)

【主要国における女性の年齢階級別労働力率】

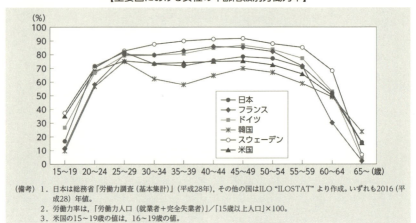

(備考) 1. 日本は総務省「労働力調査(基本集計)」(平成28年)、その他の国はILO "ILOSTAT" より作成。いずれも2016 (平成28)年値。
2. 労働力率は、「労働力人口(就業者+完全失業者)」/「15歳以上人口」×100。
3. 米国の15～19歳の値は、16～19歳の値。

出典:内閣府男女共同参画局「男女共同参画白書(平成29年版)」

(3) 企業戦略に欠かせない女性の力

OECD(経済協力開発機構)の見通しでは、女性の労働参加率が男性並みになれば、2030年までの労働力人口はほとんど減少せず、日本のGDPも20%近く増加するとされています[※4]。

現状の労働力人口を確保して、日本の国および日本企業が成長し続けるためには、これまでのように「新卒・男性」優先の採用ではなく、女性を積極的に登用して、性別を問わず優秀な人材を育てる必要があります。そして、企業の業績の向上と新たな価値の創出のために、男女ともに、働き甲斐を感じて能力を主体的に発揮できるような環境にすることが求められています。

家計支出で購買決定権を持つのは世界では約64%、日本では約74%が女性であることからも[※5]、世の中が求めるニーズやサービスへの対応には、女性の知識や経験、価値観は不可欠です。

また、働く女性が増えると、経済力の高まった女性の購買力が上がり、

[※4] OECD「Closing the Gender Gap ACT NOW JAPAN2012」
[※5] 経済産業省「成長戦略としての女性活躍の推進」経済社会政策室 (平成26年11月)

ここに新たな需要が生まれて経済が活性化していきます。今後、日本企業の存続と成長において、世界トップレベルの能力を有する[※6]日本女性の活用は重要な経営戦略策定要因となるでしょう。

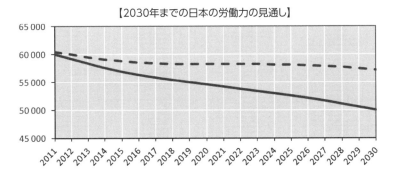

【2030年までの日本の労働力の見通し】

----- 女性の労働参加率が男性並みになった場合
―― 女性の労働参加率が現状維持の場合
出典：OECD「Closing the Gender Gap ACT NOW 2012」22頁

（4）国際的に見た日本女性の働きやすさ

　英国エコノミスト誌は、OECD加盟国を対象に女性の働きやすさを『グラス・シーリング指数』によりランキング化して発表しています。2016年版によると日本は29ヵ国中27位。日本は特に管理職の割合や賃金について男女の差が異常に大きいという調査結果が出ています。他にも、国際的な比較において、産休・育休の制度は充実していても使いにくく、男性の育児参加の低迷、いったん離職すると復職が困難等の状況が指摘されています。

　世界経済フォーラム発表の「The Global Gender Gap Report2016」におけるジェンダー・ギャップ指数でも、2016年の日本の順位は144ヵ国中111位（2015年は145ヵ国中101位）と先進国にありながら大変低い水準です。日本は女性の労働参加率が低く、男性との賃金格差も大きいため経済では118位。政治でも女性議員が少なく103位。教育の個別分野では、識字率や

※6　OECD「2013 JAPAN – Country Note –Survey of Adult Skills first result」
　　 日本人女性の読解力と数的思考力の習熟度は国際的に最高レベルにランクされる。

中等教育への進学率で世界1位ですが、高等教育への進学率が103位と極端に低くなっているため総合では76位という結果になっています。

OECDの報告書[※7]では、「日本は、教育においても経済活動においても、一人ひとりの能力をより効率的に活用することが必要で、経済成長には男女平等が鍵となる」と記されています。

順位	国名	値
1	アイスランド	0.874
2	フィンランド	0.845
3	ノルウェー	0.842
4	スウェーデン	0.815
5	ルワンダ	0.800
6	アイルランド	0.797
7	フィリピン	0.786
8	スロベニア	0.786
9	ニュージーランド	0.781
10	ニカラグア	0.780
13	ドイツ	0.766
17	フランス	0.755
20	英国	0.752
35	カナダ	0.731
45	アメリカ	0.722
50	イタリア	0.719
75	ロシア	0.691
99	中国	0.676
111	日本	0.660
116	韓国	0.649

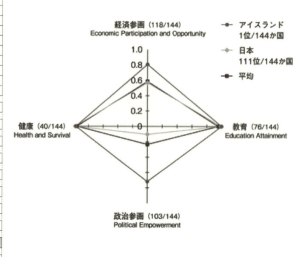

出典:内閣府「共同参画」2017年1月号

【語句説明】

ジェンダー・ギャップ指数(Gender Gap Index：GGI)
……各国における男女格差を測る指数。経済、教育、政治、保健の4つの分野のデータから作成される。

グラス・シーリング指数
(glass-ceiling[ガラスの天井]働く女性のキャリア形成に妨げとなる見えない壁)
……女性の労働参加、賃金、子育て費用、妊娠時の権利、管理職への登用などをもとに算出される。

※7　OECD「Closing the Gender Gap ACT NOW JAPAN2012」

(5) 男女間の賃金格差

　日本では男女間の賃金格差は、OECD加盟国中第2位の大きさで、年齢が高くなるほどその格差は拡大しています[※8]。厚生労働省「平成28年度賃金構造基本統計調査」では、フルタイム労働者で見た場合、女性の賃金は男性を100とすると73.0となっています。正社員同士で見ても20代前半にはさほど格差はなくても、年齢とともに差は広がり、50代ではその差は最大になります（50〜54歳正社員で、男性の平均が425.7万円・女性の平均は269.5万円）。学歴別に見てもどの学歴層でも同様の差が見られます。管理職でも男女間の賃金格差が認められるのが現状です。

2. 働くことへの日本女性の意識
（1）子供ができてもずっと仕事を続ける方がよいと考える人の増加

　女性の就労に関する意識の変化を見ると、出産や育児のライフイベントにかかわりなく仕事を続けたいという女性の意識が高まっています。

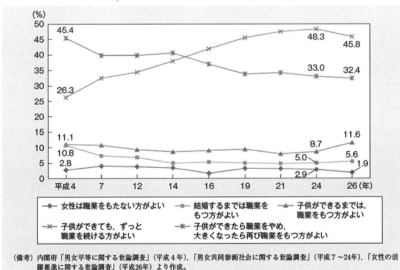

【女性の就労に関する意識の変化（女性）】

（備考）内閣府「男女平等に関する世論調査」（平成4年）、「男女共同参画社会に関する世論調査」（平成7〜24年）、「女性の活躍推進に関する世論調査」（平成26年）より作成。

出典：内閣府男女共同参画局「男女共同参画白書（平成28年版）」

※8　OECD「Closing the Gender Gap ACT NOW JAPAN2012」

（2）働きたくても働けていない女性が274万人

　しかし、女性の就業状況は、本人の事情のみならず家庭の事情に左右されます。

　平成28年における女性の非労働力人口（満15歳以上で、就業者と完全失業者以外の者）2,846万人のうち、274万人が就業を希望していますが、そのうち33％が「出産・育児のため」に現在求職をしていません[9]。日本の伝統的な性別役割分担意識から、女性が仕事を離れて育児や介護を担っているためでしょう。

　第1子出産前後の就業継続状況を見ると、出産前にも就労している女性の割合は増えていますが、出産で離職する人の割合は変わっていません。育児をしながら働いている女性（25〜44歳）の割合は、平成24年10月時点で全国平均52.4％となっています[10]。女性の仕事への思いと現実の行動との間のギャップが大きくなっていることが分かります。

【子供の出生年別第1子出産前後の妻の就業経歴】

出典：内閣府男女共同参画局「男女共同参画白書（平成29年版）」

※9　総務省「労働力調査（詳細集計）（平成28年）」

※10　総務省「就業構造基本調査（平成24年）」

（3）課題となる男性の家庭進出

　平成23年における6歳未満の子どもを持つ夫の家事・育児関連に費やす時間を見ると、日本は1日当たり1時間7分であり、スウェーデン（3時間21分）やドイツ（3時間）、米国（2時間58分）等の他の先進国と比較して極めて低水準になっています。イクメンと呼ばれる男性が増えているようですが、6歳未満の子どもを持つ夫の1日当たりの家事・育児へ費やす時間は、18年と比較してもわずかな上昇にとどまっています。しかも妻が仕事をしているか否かにかかわらず、約7割の夫が育児にかかわっていないという状況にあります。

【6歳未満の子供を持つ夫の家事・育児関連時間（1日あたり、国際比較）】

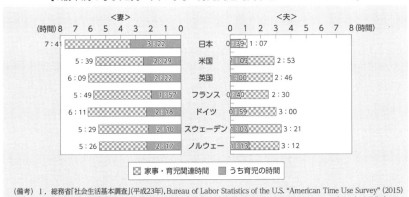

出典：内閣府男女共同参画局「男女共同参画白書（平成29年版）」

　また、介護のために離職する人は、8割近くが女性です。介護・看護を理由として過去1年以内に離職した者の状況を見ると、9万人（平成27年）のうち、女性7万人、男性2万人となっています。

　日本では、家事、育児、介護・看護の役割負担は男性より女性に重くかかっている実態があり、女性の社会進出のためには男性の家庭進出がカギといえるでしょう。

【6歳未満の子供を持つ夫の家事・育児関連行動者率】

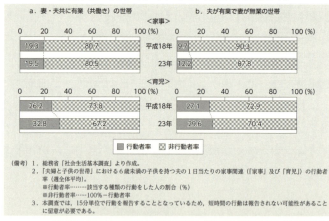

出典：内閣府男女共同参画局「男女共同参画白書（平成29年版）」

【介護・看護を理由とした離職者数の推移（男女別）】

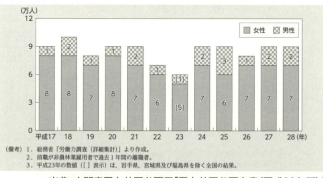

出典：内閣府男女共同参画局「男女共同参画白書（平成29年版）」

【介護を行っている人の割合・介護者に占める有職者の割合】

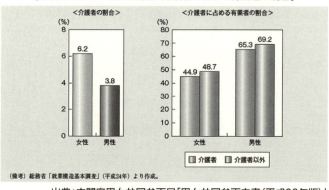

出典：内閣府男女共同参画局「男女共同参画白書（平成28年版）」

（4）多様化する女性の生き方

　平均初婚年齢は昭和45年に24.2歳から平成26年は29.4歳と5歳以上上昇し、これに呼応して平均第1子出生年齢は25.6歳から30.6歳となっています[11]。合計特殊出生率は、昭和45年の2.13から平成26年には1.42と低下しています[12]。

　なお、未婚率も男女問わず平成元年以降急激に上昇しています。

【女性を取り巻く状況の変化】

					第1子小学校入学				
15歳	大学進学率（女性）労働力率（25〜29歳女性）	平均初婚年齢（妻）	平均第1子出生年齢（母）			65歳	高齢化率（男女計）		平均寿命（女性）
昭和45年	6.5%　45.5%	24.2歳	25.6歳	第1子子育て	31.6歳		7.1%		74.66年
平成26年	47.6%　80.3%（平成27年）	29.4歳	30.6歳	第1子子育て	36.6歳		26.7%（平成27年）		86.83年

（備考）　1．平均寿命については、昭和45年は厚生労働省「完全生命表」、平成26年は厚生労働省「簡易生命表」より作成。
　　　　　2．高齢化率については、昭和45年は総務省「国勢調査」、平成26年は総務省「人口推計」より作成。各年10月1日現在。
　　　　　　平成26年の高齢化率は、27年値。
　　　　　3．労働力率（25〜29歳女性）については、総務省「労働力調査」（昭和45年，平成27年）より作成。
　　　　　4．その他は、厚生労働省「人口動態統計」より作成。
　　　　　5．高齢化率は、総人口に占める65歳以上の割合。
　　　　　6．平均初婚年齢は、結婚式を挙げたとき又は同居を始めたときのうち、早い方の年齢。
　　　　　7．平均第1子出生年齢は、昭和45年は満年齢の算術平均値に0.5歳の補正値を加えたもの。平成26年は、日齢の算術平均値。

出典：内閣府男女共同参画局「男女共同参画白書（平成28年版）」

※11　国立社会保障・人口問題研究所「第15回出生動向基本調査（結婚と出生動向基本調査）」（夫婦調査）
※12　厚生労働省「人口動態調査」

【生涯未婚率の推移(男女別)】

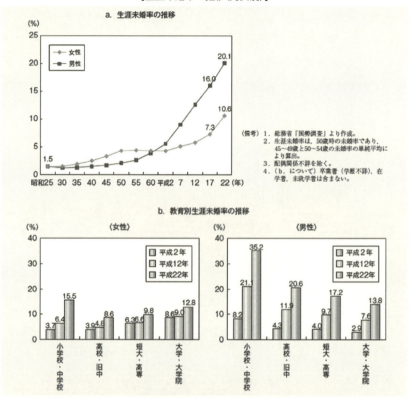

出典：内閣府男女共同参画局「男女共同参画白書(平成28年版)」

(5) 働き方の変化

　これまで伝統的に女性が少なかった職業（たとえば保安職や建設業等）でも女性の働く姿が見られるようになりました。従来女性が少なかった理工系分野にチャレンジする女性（「理工チャレンジ（リコチャレ）」）を産官学が連携して応援し、働く場の選択肢を広げています。

　政府主導のもと長時間労働や画一的な働き方を変えていこうとする「働き方改革」もダイバーシティの一環として進んでいます。フレックスタイム制やコアタイム制や在宅勤務を導入するなど、社員のワークライフ・バランスを考慮する企業も増えてきました。

　ただし、既婚女性は家庭を優先することが多いため正規社員ではなくパート等の非正規の仕事を選択する傾向にあります。

（6）教育・老後のための仕事

　一人当たり賃金（現金給与総額）額は、リーマンショックを受けて2009年に大幅に減少した後、徐々に回復してきています[※13]。

　しかし、教育にかかる費用は所得の伸び以上に増加する傾向にあり、大学卒業までに各家庭が負担する平均的な教育費は、公立の幼稚園から高校まで在学し国立大学に進学した場合が約1,000万円、それらがすべて私立の場合で約2,300万円となります[※14]。子に十分な教育を受けさせたいと望む場合には、片働きでは家計を維持し難くなっています。さらに、生命保険文化センターの調査では、約95％の人が公的年金だけでは生活ができないと考えていることから[※15]、老後の経済的な備えのために、女性も男性とともに働くようになってきています。

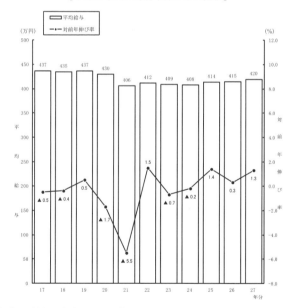

【平均給与及び対前年伸び率の推移】

出典：国税庁長官官房企画課「平成27年分民間給与実態統計調査（平成28年9月）」

※13　内閣府「日本経済2013－2014」
　　　国税庁長官官房企画課「平成27年分民間給与実態統計調査」（平成28年9月）
※14　文部科学省「平成21年度文部科学白書」
※15　生命保険文化センター「平成25年度生活保障に関する調査（速報版）」

2 「女性活躍推進法」Q&A

Q1 女性活躍推進法とはどういうものでしょうか？

A その名前の通り、女性が仕事において活躍できるようにするための法律です。

社会環境で壁を感じている女性は、本法を利用しましょう。
女性の活躍を願う男性は、本法に基づいて、社内規程を見直しましょう。

〔解説〕
○女性活躍推進法の三原則

女性活躍推進法（「女性の職業生活における活躍の推進に関する法律」）は、女性が「仕事で能力を活かして活躍できる」ように、そして、本人の意志を尊重した「仕事と生活の調和が実現できる」ように環境の整備に取り組むことを、国や地方公共団体、企業に求めた法律です。

次の3つの基本原則を掲げ、10年間の時限立法として平成27年8月28日に成立しています。

① 女性に対する採用、昇進等の機会の積極的な提供、およびその活用と、性別による固定的役割分担等を反映した職場慣行が及ぼす影響への配慮が行われること
② 職業生活と家庭生活との両立を図るために必要な環境の整備により、職業生活と家庭生活との円滑かつ継続的な両立を可能にすること
③ 女性の職業生活と家庭生活との両立に関し、本人の意思が尊重されるべきこと

この三原則に従い、国や地方公共団体、従業員301人以上の大企業には、

女性活躍に関する状況の把握や課題の分析、行動計画の策定、情報公表が義務づけられました（従業員300人以下の企業は努力義務）。

○ '両立' と '活躍' の両面からの政府支援

両立支援は、女性が結婚・出産・育児・介護という人生の節目にあっても仕事を継続できるようにすることであり、活躍支援は、性差に関係なく職責ややりがい・給与等をアップしていけるようにすることです。

民官上げた社会制度の整備、職場環境の改善を進めています。

○整いつつある法制度を利用する

このように社会における女性の地位向上に向けた法的な整備も整い、女性を管理職へと登用する動きも徐々にですが、活発化しています。

女性が仕事において性差にかかわらず力を発揮しキャリアアップできるようにするためには企業側の女性管理職登用への取り組みは避けて通れません。そこで、政府は「2020年までに指導的地位に占める女性の割合を少なくとも30％程度にする」という「2030（ニイマルサンマル）」の目標を掲げてポジティブアクション[16]を進めています。

女性が活躍し、生き生きと仕事ができる企業は、業績が伸びているというデータが日本にも見受けられるようになりました。女性管理職を中心に、女性の戦力化を推進し、女性が働きやすい環境をつくっている企業では、生産性が高まり、業績も向上しています[17]。今後ますます女性が経営の中枢に入っていくことが当たり前になるでしょう。

---

[16]　「固定的な性別による役割分担意識や過去の経緯から、男女労働者の間に事実上生じている差があるとき、それを解消しようと企業が行う自主的かつ積極的な取組」のこと。アファーマティブアクションともいわれる。内閣府の「2030」という目標に対して、未だ13％にも届かず（※総務省・労働力調査平成27年基本集計では管理的職業従事者に占める女性の割合は12.5％）と30％には程遠い状況にあるため、その状況改善も女性活躍推進法の目的の一つとなっている「男女共同参画白書（平成28年度版）」。女性活躍推進法における事業主行動計画の策定に当たっても、多くの企業が「女性管理職比率」向上を目標に掲げている。

[17]　独立行政法人経済産業研究所：RIETIプロジェクト(2014年)「ダイバーシティとワークライフバランスの効果研究プロジェクト」結果報告

Q2 働く女性に対して、日本社会ではどのような法整備が行われてきたのでしょうか？

A この30年女性が働きやすくなるような法整備が進んでいます。

先輩の女性たちが経験してきた社会的歴史を知り、今何ができて、何をすべきかを考えましょう。

〔解説〕

1947年	「労働基準法」成立
1985年	「男女雇用機会均等法」成立（1986年4月施行）
1991年	「育児休業法」成立（1992年施行）
1995年	「育児・介護休業法」成立（「育児休業法」の改正（改題））
1997年	改正「男女雇用機会均等法」成立（1999年4月施行）セクハラ防止、ポジティブ・アクション規定、併せて労働基準法等の改正（女性の時間外・休日労働、深夜業の規制の解除等）
1999年	「男女共同参画社会基本法」成立・施行
2006年	改正「男女雇用機会均等法」成立（2007年4月施行）男女双方に対する差別の禁止、妊娠出産等を理由とした不利益取り扱いの禁止、併せて労働基準法の改正「仕事と生活の調和（ワーク・ライフ・バランス）憲章」および「仕事と生活の調和推進のための行動計画」の策定
2010年	「男女間の賃金格差是正のためのガイドライン」
2015年	「女性活躍推進法」成立・施行（事業主行動計画の策定については2016年4月施行）改正「男女雇用機会均等法」成立（2017年1月施行）

○1985年以降の法整備（男女雇用機会均等法成立時期）

社会や企業で女性を活用するための施策として、まずは、育児や介護と仕事の両立の支援に力を入れることで、長く働き続けられる環境を整備していこうとすることに重きが置かれていました。「子育てや家事は女性がするもの」だから「女性が子育てしやすく」という発想のもとでの『女性の働き方をどうするか』の施策でした。日本社会特有の雇用システム（終身雇用、年功・生活給重視型賃金体系等）のもとでの男性の働き方が変わらなければ、制度は存在しても利用しづらく、また、キャリア形成の機会においても男女均等とは言い難い状況でした。

結果的に、『女性の活用を』というのはスローガンだけになり、実際の職場での女性の閉塞感は解消されていませんでした。

○1990年代における女性の働き方

1990年の国連ナイロビ将来戦略勧告で、「1995年までに社会のあらゆる分野において、指導的地位に女性が占める割合が少なくとも30％になるよう期待する」と目標数値が設定されました。しかし、日本社会は従来からの男性主体の社会であり、家事や育児・介護の負担の役割は女性のみがすべきものとされたままでした。

表向き雇用の機会は均等になったとはいえ、雇用後に女性に期待されている役割も任される仕事も限定的で、女性が望むものとはかけ離れていることも多いため、有能な女性ほど働き甲斐を失うことが少なくありませんでした。

○2000年以降の法整備

女性が社会で活躍できるようにするために、男性の意識改革が必要というう認識がようやく広まり始めています。

女性の活躍をより推進するため、政府も企業にこれまで以上に男性中心型労働慣行（＝男性社員優先人事、勤続年数重視、長時間勤務や転勤が当然とされる働き方）を見直す「働き方改革」を求めています。また、非正規社員の処遇改善に向けた「同一労働同一賃金」や「長時間労働の是正」を目指すことで、だれもが働きやすい環境を整えて経済の活性化につなげ

ようとしています。

　しかし、女性活躍推進法では、男女間の賃金格差に関しては、企業が必ず把握すべき項目には含まれておらず、対外公表すべき項目にも含まれてはいません。また、300人以下の中小企業には、単なる努力目標になっていることも課題の一つです。労働者の6割以上は、努力義務である300人以下の事業主に雇用されているのが実情ですので、本法律の恩恵を受ける女性は限られます。

　今後、女性の活躍によって、従来の男性中心型労働慣行社会のパラダイム（認識の枠組みや規範）が大きく変わって、イノベーションが起こり、企業の国際競争力が強化されることが期待されています。

Q3　女性活躍推進法に基づいて、企業は何をする必要があるのでしょうか?

A　企業は、女性の意見を聞いて職場の環境整備を行う必要があります。

平成28年4月1日より従業員301名以上の企業(事業主)は、本法律に基づき、女性が職業生活で充分に能力を発揮し活躍できる環境を整備するための行動計画を策定し、公表しています。
内閣府男女共同参画局の"女性活躍推進法「見える化」サイト"や、厚生労働省の"女性の活躍推進企業データーベース"において、様々な分野における女性の活躍推進の状況を確認することができます。

〔解説〕

○事業主に課せられた行動計画

　企業は、次の（1）～（3）について行う義務があります。

　（1）自社の女性の活躍に関する状況把握・課題分析

　　　状況把握の必須項目として、①女性採用比率、②勤続年数男女差、③労働時間の状況、④女性管理職比率が省令で規定されています。

※任意項目についてさらに検討することを勧めています。

（例：非正規雇用から正規雇用への転換状況等）

（２）状況把握・課題分析を踏まえ、指針に即した行動計画の策定・社内
周知・公表・届出

　行動計画の必須記載事項として、（ａ）計画期間、（ｂ）数値目標、（ｃ）
目標達成のための対策、（ｄ）対策の実施期間があります。また、この行
動計画に対しては、取組実施・目標達成の努力義務が課されています。

●事業主行動計画の策定に関する国の指針

　事業主は、以下の国が示した行動計画策定指針8項目を参考に（こ
の8つのうちから自社の問題解決に必要な取組を選択して）、「行動計
画」を策定します。

① 女性の積極採用に関する取組

② 配置・育成・教育訓練に関する取組

③ 継続就業に関する取組

④ 長時間労働是正など働き方の改革に向けた取組

⑤ 女性の積極登用・評価に関する取組

⑥ 雇用形態や職種の転換に関する取組

　（パート等から正規雇用へ、一般職から総合職へ等）

⑦ 女性の再雇用や中途採用に関する取組

⑧ 性別役割分担意識の見直し等職場風土改革に関する取組

（３）女性の活躍に関する情報公表

○優良企業の認定

　女性の活躍推進に関する取組の実施状況が優良な企業については、申請
により、厚生労働大臣の認定を受けることができます。

　認定は、基準を満たす項目数に応じて3段階（マークは同じですが、色
が異なる）あり、企業は女性活躍推進の度合いで格付けされます。認定を
受けた企業は、認定マーク（愛称「えるぼし」）を、「くるみんマーク」「プ
ラチナくるみんマーク」[18]と同様に、商品や広告、名刺、求人票などに使
用してすることができます。

●女性活躍推進法に基づく認定マーク「えるぼし」

「えるぼし」とは、「L」と「星」から成り立ち、マークの「L」には、Lady（女性）、Labour（働く、取り組む）、Lead（手本）等の様々な意味があり、「円」は企業や社会、「L」はエレガントに力強く活躍する女性をイメージしています。

Q4 女性の活躍を実現するために、私にできる具体的なことは何でしょうか？

A 仕事ついての意識改革を行いましょう。何をしたいか、何ができるかを考え、声を上げましょう。

〔解説〕

○個々人の意識改革

　平成28年の内閣府調査では、女性で37.0％、男性で44.7％が、「夫は外で働き、妻は家庭を守るべきである」という考え方に「賛成」あるいは「どちらかといえば賛成」と答えており、仕事と家庭生活を夫婦で分担するとの考え方も依然多く存在しています。まずは、働き方や暮らし方についての意識を見直し（男性中心型の労働慣行の見直し）ましょう。

○声を上げる

　あなたが抱える問題は、社会が抱えている問題でもあります。
　「どうしたら女性が働きやすい環境を実現できるか」さらに、「長く働き

※18　「くるみんマーク」「プラチナくるみんマーク」とは、次世代育成認定マークの一つ。「子育てサポート企業」として厚生労働省の認定を受けた証。子育て支援に積極的に取り組む企業として、性別やライフステージを問わず「働きやい職場づくり」への推進姿勢をアピールできる。

続けられる環境整備にはどうすればよいのか」など、主体的に考えて意見を出していきましょう。企業が策定する「事業主行動計画」は、働く女性の思いや意見を反映する義務があります。これまで言いたくても言えなかったこと、聞いてはもらえなかったことを職場に伝え（提案し）ましょう。

○情報収集する

4章で詳しく説明しますが、社会情勢に注意を払いながら情報収集をしましょう。自社だけでなく、他社の女性活躍推進の行動計画や実施状況を見守っていきます。そして、参考になる他社の取り組み事例や成功事例は、自社へも反映させていきましょう。

女性活躍推進法は、罰則規定は伴っていませんが、取り組みが「見える化」されています。日本企業はとかく同質的行動（横並び行動）をとる傾向にあることは、淺羽茂氏による『日本企業の競争原理—同質的行動の実証分析』（東洋経済新報社、2002）の中でも数多く紹介されているように、日本企業の大きな特徴だともいえます。「他社に遅れることを最大のリスクと考える」競争原理を働かせ、企業の行動変化に影響を及ぼし社会の意識変革を進めていきましょう。

○あきらめない

経済学者のロザベス・モス・カンター（Rosabeth Moss Kanter）の「黄金の3割」という理論では、構成人員のうち少数派の割合が30％以上を占めるようになると、意思決定に影響力を持つようになり組織全体が変わっていくとされています。

今後、企業では様々な立場の人々が参画し意見を出すことが求められるなかで、女性もある一定割合以上（＝3割以上）参画することで変革が進むと期待されることから政府も「2030」を目標に掲げています。

能力のある女性はもちろん積極的に管理職としての役割を担うべきですが、たとえポジティブ・アクションであったとしても、その状況を受け入れてみましょう。ポジションは人を鍛え育てていきます。人や予算を動かす地位に就くことで仕事の面白さを知り、個人としても成長できます。これまでと同様に今後も努力を怠らなければ、男性同様に女性も職責を果た

せます。むしろ、男性とは違った女性特有のコミュニケーション力で周りを巻き込み、新しい発想で企業の目的を達成することができるかもしれません。

○個人の持っている力を磨いておく

　今後、女性か男性かという性別の枠を超えて、個人が持つスキルや能力等の人材としての「質」がより一層求められるでしょう。いつでも組織から期待されている役割に応えられるように実力をつけておきましょう。

Q5 女性が磨くべき社会的な能力とは何でしょうか？

A　自己のキャリアやスキルを高めるための力であり、管理職（またはリーダー）として企業の経営に参加するための力です。

〔解説〕

　あなたの望むワークスタイル実現のために、自分の社会経験等を棚卸しして、今持っている能力と、これから必要となる能力を見つけ出します。

　具体的な方法は2章以降で説明しますが、「計画力」「分析力」「発想力」「決断力」「挑戦力」「対処力」「感謝力」、「受容力」「伝達力」「指導力」「調整力」「交渉力」「整理力」「統合力」「活用力」といったスキルを磨き、キャリア形成を図りましょう。

　そして磨いた能力を活かして管理職としてステップアップしましょう。

3 キャリア継続のための第一歩とは

（1）あなたにできるはじめの一歩

　これまで見てきたとおり、現代日本社会はまだ女性が働きやすい社会だとは言えません。しかし、少しずつ働く女性が認められてきているのも事実でしょう。働きやすい環境整備がなされているまさに今、理想の実現のために行動に移しましょう。

　まずは、あなたの望むワークライフスタイルを考えることが第一歩です。

　仕事、家事、子育て、趣味等、何を優先するか、あなた流のライフスタイル、ワークスタイルを考えてみましょう。

（2）あなたの力量を見直してみよう

　女性の価値観は多様です。そして、人生の時々で変化するものです。様々な場面で私たちがワーク・ライフスタイルを考えるときには、個々の力量が大きく影響してきます。

　自己の力量【個性×能力（潜在能力・可能性を含む）】を見直しましょう。

　もし、力量が不足していたり、力量は十分あるにもかかわらず本人がその力量に自信を持てなければ、何かを諦める人生になっていきます。

　たとえば、「仕事と家庭の両立に自信がない」、「仕事を続けたい気持ちはあるけれど、大変そうで家庭との両立するのは私には無理」だと考えて、不本意ながらも早々に仕事の継続を諦めるか、家庭や子どもを持つことを諦めてしまうことになるでしょう。

　充分な力量があれば、選択肢が広がり、その中からたくさんのものを選んで抱えてもバランスをとってマネジメントしていけるでしょうし、後悔も少なくなるでしょう。

　本書では2章以降で力量のつけ方を詳しく説明します。

（3）あなたの個性や能力を整理してみましょう

　次の表に「これまでの私」「現在の私」「将来の私」を書き込み、ワーク・

ライフスタイルを考えていきましょう。

		これまでの私	現在の私	将来の私
個性	個性と思えること			
	強みといえること			
	大事にしていること			
	譲れないこと			
	好き嫌い			
能力	得意なこと			
	苦手なこと			
	誰かの役にたてること			
	資格取得			

　今の自分に合ったスタイル、5年後予測のスタイル、10年後、20年後のスタイルと4つのスタイルを検討するのもよいでしょう。

　今はまだ決められないときは、どのライフステージ（人生の段階）にあってもその時に自分の望むスタイルを選べるように、まずは、今の時点におけるあなた自身のサスティナビリティ（持続可能性）を確保しておきましょう。

　仕事を続けていきたい女性だけでなく、仕事から一時離れたとしても将来いつかは仕事を再開したいと思っている女性も、自己の「個性と能力」と「可能性」を活かして、現在の仕事のパフォーマンスを上げるようにし

ましょう。そうして自己の力の可動域を広げて、小さな自信をたくさん積み重ねておくことが重要です。それと同時に、生活を充実させるための感性を豊かにすることも忘れずに、あなたにとって最適な仕事と生活の調和の実現を目指しましょう。

【語句説明】
サスティナビリティ（ sustainability・持続可能性）
……「将来の世代のニーズを満たす能力を損なうことなく、今日の世代のニーズを満たす」こと（1987年に発行された国際連合の「環境と開発に関する世界委員会（WCED）」の報告書より）。言い換えると、現在のあなたが自分自身と周囲の要望に応じて発揮している力を、将来どんな時代になっても、その時代の゜ニーズ゜に応じ発揮し続けることを可能にしておくこと。

（4）バランスを考えましょう

あなたが選択したライフスタイルとワークスタイルはどのようなバランスになっていますか。

張り切りすぎたものになっていませんか。バランスのとれた最適なワーク・ライフスタイルを計画するために、自分の意志を尊重しながら、周囲の人の意見もできる限り聞いてみてください。

あなた自身が「仕事の幅を広げたい」「転勤や留学もいとわない」あるいは「家庭に入りたい」「子育てに専念したい」と考えても、家族の方の意見は異なるかもしれません。結論は変わらなくても、他者の意見を踏まえてもう一度、ライフスタイル、ワークスタイルを見直しておきましょう。

物事は表裏一体です。「裏」についても「表」と同様に検討した上で、決定していくことは覚悟と自信につながります。

その上で、仕事をがんばることで生活に豊かさとハリをもたらし、生活を充実させることで仕事への意欲につながるような゜相乗効果゜を目指し、ワークライフマネジメントをしていきましょう。

2章以降では、あなたの持っている力量を最大限にする方法を説明してきます。あなたの力量を知り、さらに増やしていきましょう。

第 2 章

自分を
マネジメント
する

① 計画力
② 分析力
③ 発想力
④ 決断力
⑤ 挑戦力
⑥ 対処力
⑦ 感謝力

　本章では、「計画力」「分析力」「発想力」「決断力」「挑戦力」「対処力」「感謝力」の7つに着目してマネジメントのレベルアップを目指していきます。

　マネジメント【management】とは、経営、管理、目標・目的を達成するために必要な要素を分析し、成功するために手を打つということを意味しています。マネジメントの要素には、計画・分析・選択・改善・対処・調整・評価・統合・指揮・統制・組織等があり、これらはあなたが普段の仕事や生活の中で既に用いているスキルにも含まれています。

　ここでは、マネジメントの対象を「自分自身」として、「自分をマネジメントする」ということを、「自分が望むライフスタイル、ワークスタイルを実現するために、自分の持つ能力・スキルを最適化し、最大限の力量が発揮できるようにすること」と定義します。

　これらの能力を『総合力』として棚卸し（見直し）して強化していけば、今のワークライフがスムーズになり、ライフステージの転機でも十分に対応していけるでしょう。

1 計画力

　計画力とは、マネジメントする目的を明確にし、その目的にそった具体的な目標を設定し、目標達成まで行動できるようにする力です。あなた流のワークスタイルとライフスタイルの理想的な調和を実現するために計画力を磨いていきましょう。

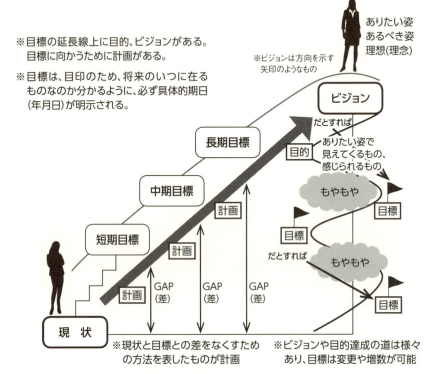

1. Envision（理想を心に想い描くこと）が計画のスタート

　あなたは将来のビジョンや目標を聞かれてすぐに答えられますか。
　「仕事を一生懸命がんばる」、「仕事と生活の調和をしっかりと心掛ける」など漠然とした標語のような内容では適切な計画を立てられません。
　まずは、①ビジョンと②目的を明確にし、それから実行レベルまで具体化した③目標と④アクションプランを立てていきましょう。

①	ビジョン	●目指すところの理想のイメージ、「あるべき姿」 ●「今」や「ここ」ではない別の目指すべきところを目に見えるように描いた定性的なイメージ
②	目的	●そのビジョンを実現しようとして目指す事柄・行動するときのねらい ●目当てになるもの
③	目標	現状と目的達成までの途中にある定量的な(観測可能な)目指すべき指標　※変更可能
④	アクションプラン (行動計画)	設定した期限までにその目標を達成するための具体的な行動方法やその行動のプロセス

※計画力＝【ビジョンを描く力＋目的把握力＋目標設定力＋計画策定力＋計画実行力】

①ビジョンを描く

あるべき理想の姿のときに見える景色や感じる感情を具体的に描いていきます。注意してほしいのは、「願望」にしないことです。「〜だったらいいな」状態を描くのは、「叶っていない」状態を描くことと同じだからです。「あるべき姿」をありありと描くこと（Envision）で、計画を実現していくモチベーション維持につながります。

＜例：自分に自信を持って仕事をしている姿＞

上司やクライアントの信頼も厚く、プロジェクトを任され、やりがいを持って仕事をしている。
リーダーとして、部下とともに目標達成し喜んでいる。意欲に燃えている。
仲間と楽しく会議をして立てた戦略が順調に進んでいる。

＜実践：あなたのビジョンを描く＞

※「家族に囲まれてプライベートを充実させている姿」や「健康で元気に仲間と楽しく趣味の世界で活躍している姿」などあなたが望む情景をありありと描いてみましょう。

②目的を明確にする

次に、何のために成し遂げるのか目的を明確に言葉にしておきましょう。

あなたがビジョンの実現のために「○○したい」と思ったときの動機（きっかけ）から目的が見えてきます。

「□□したこと」がきっかけで「○○したい」と思ったのは「△△のため」。

□○△に当てはまる言葉を入れて目的を確かめてみてください。

＜例＞

例A	「お客様と話したこと」がきっかけで「営業会議で企画を通したい」と思ったのは「顧客に満足してもらうため」　→　目的は「顧客満足」
例B	「最近、残業続きで疲れがたまっていると感じたこと」がきっかけで「定時に帰れるように仕事を進めたい」のは「健康維持のため」　→　目的は「健康維持」
例C	「もっとやりがいのある仕事をしたいと思った」のがきっかけで「転職したい」と思ったのは「キャリアアップ」が目的　→　目的は「キャリアアップ」

＜実践＞

○「_____したこと」がきっかけで

「_____したい」と思ったのは

「_____のため」

（目的は　　　　　　　　　　　　　　　　　　　　）

○「_____したこと」がきっかけで

「_____したい」と思ったのは

「_____のため」

（目的は　　　　　　　　　　　　　　　　　　　　）

34

③目標を定める

目的に向かって、具体的な内容と期限に実現可能な数値指標を設定したものが目標です。②で確認した目的に基づいて、そのために必要なことを具体的な数値に表します。長期・中期・短期に分けた複数の目標を設定（スモールステップ）しましょう（後述するSMARTな目標にします）。

ポイントは、期限・日付を明示することです。

<例>

目的 「顧客満足」		
目標 「今期の顧客の売上を10%伸ばす」		
長期	(6月15日) 次の営業会議で新商品のPR企画を通す	
中期	(6月8日) 今週中に必要書類を検討し、用意	
短期	(5月25日まで) 3日以内に顧客ニーズの再チェック	

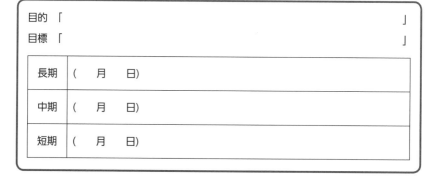

<実践>

目的 「 」		
目標 「 」		
長期	(　月　　日)	
中期	(　月　　日)	
短期	(　月　　日)	

④アクションプランを策定する

目標達成のために、方法や手段を具体的に示したアクションプラン（行動計画）を準備します。「私」を主語にして、すぐに動き出せるように、次にすべきことを決めます。また、ゴールはいつも見えるようにしておくことがポイントです。

<例1>	目標	顧客ニーズの確認
	具体化	25日までに　顧客データの整理する 　　　　　　確認項目をリストアップする 　　　　　　メール作成し送信する 　　　　　　各顧客訪問日を設定する
<例2>	目標	資料の準備
	具体化	20日までに　データ作成担当に依頼する

＜実践＞

（目　標）

（具体化）

2. マイ・テーマを設定する

　ビジョンや目標、目的がなかなか明確にできない場合には、「マイ・テーマ」を自分の中に設定しましょう。

　たとえば、最近ゆとりがなくてイライラしていると思ったときには、今週のマイ・テーマを「余裕のある人」と設定します。このテーマを意識しながら行動することで、自分の「ありたい姿」の方向性が見つかり、ビジョンや目的、目標が明確になってきます。マイ・テーマは1週間や1日と期限を設定することで気負わずに実行できます。

＜例：行動変容＞

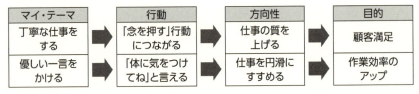

3. 働く理由を考える

　また、目的を明確にできない場合には、目的達成の手段である仕事をする理由を考えみましょう。「なぜ働いているのか」を考えることで、人生のビジョンや目的も見えてきます。

　人間の自己実現についての心理を研究したアメリカの心理学者アブラハム・マズロー（Abraham Maslow）の研究を参考にして、働いている理由を明確にしましょう。それによると人間の欲求は5つの段階（①生存欲求→②安全欲求→③社会的欲求→④承認欲求→⑤自己実現欲求）があるとしました。

　あなたが仕事をしている理由もこの5つの欲求に当てはめて考えてみてください。

○マズローの5段階欲求

1	生存欲求	食べたい、寝たい　（生きていくための基本的・本能的欲求）
2	安全欲求	危機を回避し、安全・安心に暮らしたい
3	社会的欲求	集団に属したい、仲間が欲しい
4	承認欲求	他者から認められたい、尊敬されたい
5	自己実現欲求	自分の能力を引き出し創造的な活動がしたい

※6番目として「自己超越：目的の遂行・達成『だけ』を純粋に求める」という見返りも求めずエゴもなく、自我を忘れてただ目的のみに没頭するという領域もマズローは晩年に発表。

4.『だとすれば』方式でポジティブに発想する

　身近なこと、短期的なことなら立てられる計画も、人生という長期的な期間だと思考停止になってしまうことがあります。特に女性は、キャリアチェンジを要するかもしれない結婚や出産という不確定なライフイベントを控えているため、キャリアミスト（キャリアを積む中で霧がかかったように先が見えなくなる状態）で、将来を描けない不安に陥りがちです。

　そういうときは、『だとすれば』方式（将来のあるべき・ありたい姿から逆算して現在から未来への道筋を考える）を用います。はじめにビジョン（「理想とする未来」「あるべき姿」）を設定し、それと現状を結びます。「〜だとすれば何をすべきか」と逆算して考えることで、合理的かつポジティブなアクションプランを立てることができます。

> **ちょっとブレイク**　「思考のタイムマシン」に乗る
>
> 「思考のタイムマシン」に乗って霧の向こうにありたい理想の未来を描きましょう。自分の心に素直になって、その霧のずっとずっと先ではどんな気持ちでいたいのかEnvision（予見する・将来を思い描く）します。実際にワクワクしたり、ほっこりしたり、にっこりしたりできるまでEnvisionするのがコツです。そこから「だとすれば」と今からすべきことを考えていきます。
>
> あなたの未来はあなたが主体的に見ようとしなければ見えてこないものです。常に理想の情景を心に想い描き、「だとすれば」方式で考えることで未来を切り拓いていきましょう。

5. 目標は小さくSMARTにする

理想と現実とのギャップが大きすぎると、モチベーションが下がって諦めてしまいます。簡単ですぐに実現できる小さな目標を複数立てましょう。小さな目標でも達成を重ねるうちに、自信がついてきて大きな目標にたどり着けます。分量が多いこと、時間がかかりそうなこと、自分の能力を超えているように思える場合には、小さく分けて優先順位をつけ、達成可能なサイズの計画にするのです。以下の5つの要素を意識して「SMARTな目標」を立ててみましょう。

①Specific ●何をするかが具体的で明確	○の表現 ●経理業務での専門スキルを磨くため通信講座を受講し、日商簿記2級を取得する
	×の表現 ●簿記が上手くなるように一生懸命頑張る ●時間の使い方を改善する （※表現が抽象的）
②Measurable ●測量可能、数値化 ●目標の達成度合いを計る	○の表現 ●通信講座を修了する ●日商簿記2級を取得する
	×の表現 ●簿記の知識の向上 （※向上度合いの計り方が不明）
③Achievable ●達成可能	○の表現 ●土日を利用して勉強する
	×の表現 ●毎日寝る間を惜しんでできるだけ勉強する （※現実的でない）

	○の表現
④Realistic ●現実的で結果志向 ●結果が分かりやすい	●現在3級を持っていて、次のステップとして2級は実現できる
	×の表現
	●一生懸命／できるだけ （※効果測定ができない）
⑤Time-Bound ●期限と日付が明確	○の表現
	●通信教育の受講を○月○日までに終えて、今年△年△日に受験する
	×の表現
	●できるだけ早く／来年初旬を目途に （※時期があいまい）

6. 逆算で計画を立てる

　時間は平等ですので、限られた（決められた）時間の中で仕事もプライベートもビジョンに近づく成果を出さなければなりません。効率を上げるためには、終了する時間から逆算して計画を立てることです。

　まず、「するべきこと」をリストアップして全体を把握します。次にそれぞれのタスクの所要時間を見積もります。いつまでに終わらせる必要があるのかを決め、その時間のうち80％の時間以内で終わるように計画を立てます。残り20％の時間は、緊急への対応に充てられるようにしておきましょう。

＜実践＞
ステップ1：「するべきこと」のリストアップ

ステップ２：取りかかる順序と終了日程（時刻）を決める

7.計画実現の秘訣

　せっかく計画を立てたとしても、やる気が出ないときがきます。やる気の波を上手くコントロールできるような計画を立てるために、以下のことに注意しましょう。

（1）インセンティブを用意しておく

　息抜きの「あめ」（美味しいご馳走、旅行、映画、コンサート、お買い物等ワクワクできること）を用意しましょう。「あめ」によるリラックス・リフレッシュ効果によって目標達成の意欲が戻ります。

　達成した際に、「いいこと」が待っていることで、目標を達成することの楽しみや励みになり、行動が促進されます。「いいこと」は、ささやかなものでかまいません。自分自身に効果的なことを見つけておきましょう。

（2）適度な休憩を組み込む

　インセンティブの一つである休憩の時間は、10 〜 15分として作業時間が90分を超える前に入れましょう。医学的には、人が緊張して集中できるのは45分程度といわれています。メリハリをつけることで作業効率が高まります。

（3）計画は見える化しておく

　人は忘れる生き物です。そこで、目標や計画はいつでも見ることができ

るようにしておき、小まめに見直しましょう。今の自分にできていること・できていないことを確認し、自分の成長が少しでも感じられると、次への頑張るエネルギーがわいてきます。

（4）部分最適ではなく全体最適を目指す

一つのことで100点満点を目指さず、ワークとライフを合わせた総合評価で100点満点を目指しましょう。途中でつまずきそうになったら、「自分は何のために、何を目指そうとしているのか」と目的を再度確認して、目標と計画を見直します。一つの目的に対して目標や計画はいくらでも立てることができますし、変更してもかまいません。

（計画力） まとめてチェック

○計画を立てるためのチェックポイント

☐ ビジョンを描く

☐ 目的を明確にする

☐ 目標を設定する

☐ アクションプランを立てる

○計画を立てるにあたっての注意ポイント

☐ マイ・テーマを設定する

☐ 仕事をする理由を明確にする

☐ 思考のタイムマシンに乗る

☐ SMARTな計画を立てる

☐ 逆算して計画する

☐ インセンティブを用意する

☐ いつでも見られる場所に計画書を貼る

☐ 全体最適を考えて計画する

2 分析力

　あなたが解決していくべき「問題」は、「ありたい姿」と「今の状態」との「GAP（差）」になります（32頁の図表参照）。「問題」を正確に把握するために、「今の状態」を正しく分析する力を磨きましょう。

1．「問題」と「感情」を区別する

　問題を正確に把握するためには、解決すべき「問題」と、その問題から引き起こされる「感情」（＝大変だ、嫌だな、困ったな等）を混同してはいけません。ABC理論（アメリカの臨床心理学者のアルバート・エリス（Albert Ellis）提唱）を利用してシンプルに「事実とそれに対する気持ち」を分析していきましょう。

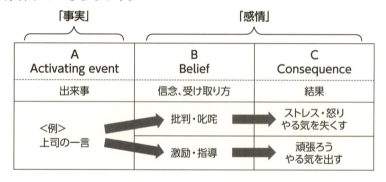

　感情は「出来事（Activating event）」によって起こるのではなく、個々人の出来事に対するとらえ方（「信念や固定観念・受け取り方（Belief）」）から生み出された「結果（Consequence）」です。出来事を紙に書き出して客観的に事実（問題）を把握しましょう。「出来事」をポジティブにとらえるか否かは、あなた次第です。

2．5W2Hで分析する

　それでは、今の「問題」とは何か、見つけ出して分析していきます。ここからが問題解決のスタートです。「5W2H」による問い掛けにより、問

題を細分化・具体化していきます。「What」「Who」「When」「Where」は具体的な答えを導いてくれます。

＜5W2H＞

Why （理由：なぜ／どうして）	Who （人：誰が／誰のこと）
What（事実：何のこと／何をする）	Where（場所：どこのこと）
When（時：いつのこと／いつまでに）	
How （方法：どうやって）	How much（量：どのくらい）

❶目的の確認　＜あなたの目的は何か、どうなりたいのか＞

Why	(理由) 何のために解決するのか	
What	(事実) 何をするのか	
Who (Whom)	(人) 誰がするのか (誰のためになるのか)	
When	(時) いつまでにするのか	
Where	(場所) どこを目指すのか	
How	(方法) どうやってしたいのか	
How much	(量) 予算や時間はいくらか	

❷自分と周りの状況を把握　＜現状はどうなっているか＞

What	分かっていること／分からないことは何か	
	変わったこと／変わっていないことは何か	
Who	関わりのある人はだれか	
When	いつ変化したのか	
Where	どこが変化したのか	
Why	なぜ変化したのか	
How	どうやって変化したのか	
How much	どのくらい変わったか	

❸解決策を策定　＜どうすればいいか＞

What	何を理解すればいいのか	
	何があればいいのか	
	何をすればいいのか	
Who	誰がやるべきなのか	
When	いつ／いつまでにやるのか	
Where	どこでやるのか	
Why	なぜその策なのか	
How	どうやって実行するのか	
How much	予算・時間はどれくらいかかるか	

3. グルーピングで分析する

たくさんのモノの中から同じようなものを集めて分けることをグルーピングといいます。「すべきこと」「したいこと」等を一覧にして、それぞれ目的別・費用別等に大まかに分けていきます。

＜例＞

❶やりたいことを思いつくまま書き出します。

- ●新規企画を立てたい
- ●商品知識をつけたい
- ●PCスキルを向上させたい
- ●現場での経験を積みたい
- ●英語力を向上させたい
- ●ジムで健康維持したい
- ●宅建資格を取得したい
- ●留学・異業種交流会に参加したい

❷これらを切り口を考えて分類（グルーピング）します。

○簡単にできる順

- ●健康維持
- ●商品知識の向上
- ●異業種交流会参加
- ●PCスキルの向上
- ●資格取得

○費用別

- ●費用がかからないこと
  新規企画の立案/商品知識の向上/現場での経験
- ●月数万円以内の費用
  英語力向上/ジムで健康維持/PCスキル向上/異業種交流会参加
- ●それ以上のまとまった費用
  資格取得/留学

4. MECE（ミッシー、ミーシー）で分析する

全体を把握する場合に最適な方法が、MECEです。MECE（Mutually Exclusive and Collectively Exhaustive）とは、「相互排反、集合網羅」を意味します。対象全体を「部分」の集合としてとらえ、その「部分」をヌケ・モレ・ダブリなく分けることで全体を把握する方法です。分析対象である問題点を「部分」に切り分けて「全体」を把握します。

＜例＞

	○ （MECEに分類）	× （MECEでない分類）
所要時間で分類	● 30分未満の作業 ● 30分以上1時間未満の作業 ● 1時間以上3時間未満の作業 ● 3時間以上の作業	● 半日で終わる作業 ● 1日で終わる作業 ● 3日に1回の作業
頻度で分類	● 1日に1回行う作業 ● 1週間に1回行う作業 ● 1ヵ月に1回行う作業 ● その他	● 1週間以上かかる作業 （※モレあり、ダブりあり、ズレあり）

（1）反対を考えてMECEにする

　モレなく網羅的に全体を把握するために「その反対はどうなっているのか」を考えます。たとえば、メリットとデメリット、質と量、ハードとソフト、損と得、需要と供給、主観と客観、効果と効率等です。

＜例＞

MECEの分類	MECEの効果
メリットとデメリット	相手への信頼を得るために、偏った情報を与えない。説明内容の信ぴょう性を高める
仕事の質と量	量をこなすことで質をおろそかにしない
需要と供給	適切な利益や顧客満足のために、相手の需要に合わせた供給をする
主観と客観	的確な判断をするために、主観だけでなく客観的に物事をとらえる
効果と効率	仕事で成果を大きくするには価値を「増やす」（効果）、無駄を「減らす」（効率）の両方を考える必要がある

（2）自分以外の第三者の視点でMECEに

　ヌケ・モレを防ぐために、上司（同僚、部下）、顧客、夫（父母）の立場ではと自分以外の視点に置き換えて考えてみましょう。

ちょっとブレイク
MECEでワークライフバランスを整える！

　今の自分を分析する時に、MECEを用いる場合は、「3つのK」を考慮します。体（健康）と金（経済）、心（精神）に分けて考えるのです。この3つのKをMECEに（モレ・ダブりなく）バランスを取ることで『大事にすることすべて』のバランスがとれて人生が充実しますよ。

5. フレームワークで分析する

情報を整理するためにあらかじめ用意された棚(箱、整理棚)を使うことを「フレームワーク」といいます。次の2つのフレームワークは状況を把握する場合に用いられる代表的な分析ツールです。これらを用いて問題点を見つけていきましょう。

(1) マーケティング分析の3C

マーケティングにおいて市場の状況を把握するときに使うビジネスフレームワークです。Customer(市場・顧客)、Competitor(競合)、Company(自社)の3つに分けて分析します。あなたの今後のワークライフスタイルを考える場合には、【職場・同僚・私】の相関関係を把握します。

<例>

市場・顧客	競合	自社
●市場の規模や成長性は ●市場のニーズは ●顧客の特質は ●顧客の行動傾向は	●自社の市場への参入障壁は ●業界におけるシェアは ●競争相手の特徴(強みや弱み)とは	●自社の特徴(売上・技術力・販売力)は ●市場のニーズに対応できることは ●競合企業と差別化できることは

<実践>

職場	同僚	私

（2）SWOT分析

　自己の置かれた状況を外部要因（環境）と内部要因（自分のこと）に分けて整理して考えるためのフレームワークです。どんな人にも長所短所があります。長所短所を総合的に発揮するためにSWOT分析のフレームを用いましょう。

＜例＞

	内部要因	外部要因
プラス要因	Strength（武器となる強み） ●明るい性格で仕事への意欲がある ●人当たりがよく社交的 ●少々の事ではくじけない ●字がきれい、商品に詳しい	Opportunity（チャンス） ●女性活躍推進法制度により女性の登用が進んでいる ●新規企画を求めている ●残業削減の取り組みをしている
マイナス要因	Weakness（苦手なこと） ●補佐をする仕事の経験しかない ●急な状況対応が苦手 ●交渉経験がなく、スキル不足 ●家庭事情で残業できない	Threat（脅威） ●業界内の商品開発競争が激化 ●人員削減で個々人の仕事量増加 ●個人のミスが所属部署全体の責任にまで及ぶ業務体系

＜実践＞

	内部要因	外部要因
プラス要因	Strength（武器となる強み）	Opportunity（チャンス）
マイナス要因	Weakness（苦手なこと）	Threat（脅威）

6.縦と横の関係性で分析する

　自分と他者の関係（横の関係）や時間の流れ（縦の関係）を分析して、現状の問題点を正確に把握します。まず、❶今の自分の状況を列挙してから❷1年前の自分の状況を書き出しましょう。❸今の他者との関係を書き出し、最後に❹1年前の他者との関係性を書き出し、相違点を見つけていきます。

<例>

❶今の自分	❷1年前の自分（時系列）
●担当案件20件。上司のアシスタント業務は減った ●半年は新企画を提出していない ●残業時間が40時間超え	●担当案件5件。上司のアシスタント業務がメイン業務 ●新企画を月1回提出していた ●残業時間は月10時間以内
❸今の上司・同僚・部下（自他）	❹1年前の上司・同僚・部下（総合）
●上司からの指示命令は減り、自分から相談することが増えた ●同僚の担当案件20件。会話が減る ●部下との打ち合わせ時間が増えた	●上司の指示の下での作業が多かった ●同僚とよく仕事について話し合った ●部下に単純作業をお願いしていた

<実践>

❶今の自分	❷1年前の自分（時系列）
❸今の上司・同僚・部下（自他）	❹1年前の上司・同僚・部下（総合）

7. 因果関係で分析する

　問題が生じた場合に的確な対処を行うために、結果（あなたの現状）に対する問題を分析します。原因を以下の①〜④に分析して解決策を見つけます。

＜例＞

出来事(現状)		提出書類の期限に間に合わなかった
大きな原因		緊急案件への対応に時間をとられたため
原因分析	①生じたこと	緊急案件が発生した
	②生じなかったこと	自分以外に対応できる人がいない
	③したこと	緊急案件の対応をした
	④しなかったこと	早々に提出書類の作成をしていなかった
対応策		●書類作成のスケジュールを組み直して、早める ●手伝ってくれる人を探す ●緊急案件ではなく、提出書類の作成を優先する ●緊急事態が起きた時点で提出期限の延長をお願いする

（分析力）　まとめてチェック ☑

- ☐ 事実と感情を分ける
- ☐ 5W 2Hを用いる
- ☐ グルーピングする
- ☐ MECEを用いる
- ☐ マーケティングの3Cを用いる
- ☐ SWOT分析する
- ☐ 縦と横の関係を把握する
- ☐ 因果関係で分ける

3 発想力

　問題の解決案や新たな企画を考える力が発想力になります。自分自身の考え方を変えることと、他者の意見を聴く（他者の立場にたつ）ことで物事（他者や仕事）の別の面を見つけることができ、発想へとつながります。生活をより豊かにするために発想力を磨きましょう。

1. ポジティブとネガティブ
（1）ポジティブに考える

　おもしろがったり楽しんだりすると脳が活性化し良い結果につながります。オックスフォード大学感情神経科学センターのエレーヌ・フォックス教授は、ポジティブな人の思考と行動が良い結果を、ネガティブな人の思考と行動が悪い結果を引き寄せると発表しています。自分の考え方をポジティブにするために、次のようなことを試みましょう。

> 楽しいことをする
> 美しいものに触れる
> 心の中にきれいな風景を描く
> 心の中を優しい言葉でいっぱいにする
> 自分をすべて受け入れる（肯定する）

（2）ポジティブとネガティブのバランスをとる

　ネガティブなこと（嫉妬や反感、恨み、劣等感等）を考えると、発想力は縮こまってしまいます。しかし、自然とわき上がったネガティブな反応や感情を抑え込んで無理にポジティブにならなくてもいいのです。アメリカの心理学者ノレム（Julie K. Norem）によると、防衛的悲観主義者と呼ばれる人たちは、くよくよ考え込むことによって高いパフォーマンスを維持することを紹介しています。表裏一体のポジティブとネガティブ両方のバランスをとって新たな発想を生み出しましょう。

＜例：ポジティブ発想への転換＞

優柔不断	決めることに慎重
しつこい	粘り強い
短気	スピード感が高い
頑固／あきらめが悪い	妥協せずにやり通す
せっかち	積極的
場当たり的	好奇心旺盛
消極的	慎重
神経質	繊細／几帳面
周囲に流される	協調性がある
理屈っぽい	理論的
感情的	感受性豊か

＜例：ネガティブ３Dをポジティブ３Dに転換＞

だって…(ダメダ)	だから…大丈夫
でも……(デキナイ)	でしょう…できる
どうせ…(ドウショウモナイ)	どうやって…どうする

　なお、ネガティブな壁には真正面から向き合うのでなく、潜り抜ける、飛び越える、隙をうかがう、回り込むなどして現状を打開していく方法もありますので、後述する「対処力」を参考にしてください。

2.「役」になって発想力を広げる

　「○○さんならどうする（どう対応する）だろう」と理想の「役」になって考えることも、新たな発想につながります。

＜例＞

問題点	理想となる「役」
突然の困難な問題	迅速・的確な対応をする上司
面倒な上司	気の利いた対応をする部下
うわさ好きで気の置けない人	スマートな対応をする同僚

3. 発想の転換方法

ワンパターンな思考や思考停止状態に陥っているときには何も浮かんできません。次の（1）～（4）の方法で発想を広げていきましょう。

（1）マンダラチャート

自分との対話によって、問題点や解決策を列挙していく方法です。9個のマス目（3×3）の真ん中に問題への解決策（発想するべきテーマ）を書き、残りの8つのマス目に関連する事柄や思いついたことを書きます。さらに別の9個のマス目に、記述した8つの中の1つを新たなテーマとして真ん中に書き、再び関連する事柄を埋めていきます。この作業を自分が納得するまで繰り返します。

＜例＞

●シートⅠ

書類は ダブル チェックする	報連相を 欠かさない	忘れ物が ないか チェックする
メモをとる	ミスを なくす	**時間に 余裕を持つ**
復唱して 確認する	作業場を 整理整頓 する	チェック リストを 作る

●シートⅡ

締切りを 3日前に 設定する	隙間時間を 有効利用 する	休憩時間を きちんと とる
10分早く 出社する	**時間に 余裕を持つ**	期限を付けて 仕事依頼 する
やらなくて いいことを 見極める	同僚に 予定を 伝えておく	仕事に 優先順位を つける

（2）マインドマップ

マインドマップも自己との対話による手法ですが、マンダラチャートのような枠の制限はありません。問題点（メインテーマ）を言葉や絵にして書き出していきます。そこから木の枝のようにいくつも線を伸ばし、関連するキーワードやイメージする言葉をその線の先に書いていきます。そこからさらに連想したワードを、さらに伸ばした線の先に記載していき、次々と連想を膨らませて問題点を見つけて解決策を探っていきます。

<例>

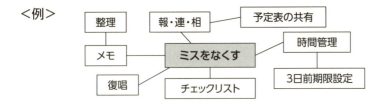

(3) SCAMPER (スキャンパー)

　SCAMPERとは、ブレーンストーミング発案者のオズボーン（Alex F. Osborn）が生み出した9つのチェックリスト（転用、応用、変更、拡大、縮小、代用、再利用、逆転、結合）に基づいてボブ・エバール（Bob Eberle）が整理した解決案を見つける方法です。アイデアが思いつかないときには、このチェックリストに当てはめて考えると発想が広がります。

Substitute	代用	代わりはないか
Combine	結合	組合せてみる
Adapt	適応	当てはまるものはないか
Modify	修正	大きく(小さく)したりできないか
Put to other uses	別の用途	他で使えるものはないか
Eliminate	排除	省略できないか
Rearrange	再調整	再結合、並び替えできないか

(4) ECRS (イクルス)

　効果的な改善策を思いつくための整理方法がECRSです。仕事の3M（ムダ・無理・ムラ）をなくすために、E（排除する）⇒C（統合する）⇒R（変える）⇒S（簡素化する）の順番で改善策を考え出していきます。

<例：仕事のムダの改善>

Eliminate	排除	●余分な仕事や作業をやめる、断る ●過剰な条件を取り除く ●阻害要因をなくす
Combine	統合	●重複を統合する ●仕事や作業の単位を大きくする ●バラバラなものをまとめる
Rearrange/ Replace	順序変え／ 置き替え	●場所、時間、人を変える ●外注する ●取引先、発注先等を変える
Simplify	簡素化	●時間や工程を短くする ●仕様やデザインを簡素にする ●作業手順を簡略化する

4．他者の立場にたつ

　他者の立場にたつことで物事の切り口が異なり、新たな発想につながります。積極的にコミュニケーションの場に参加したり、自らそういった場をつくって他者の意見を聴いていきましょう。たわいもないおしゃべりや何気ない雑談や気晴らしからも意外な発想が生まれます。

5．発想から提案に変える

　ひらめいた発想は、次の3つのポイントを押さえて、企画・提案に書き上げましょう。他者に受け入れられるように仕上げます（詳細は、伝達力参照）。

①提案理由	なぜそうするのか、数字や事実に基づいて理由づける
②ロジック	相手の立場に合わせてロジックを変更する
③実現方法	具体的な方法を示す

（発想力） まとめてチェック ☑

- ☐ ポジティブに考える
- ☐ 理想の「役」を見つけて演じる
- ☐ マンダラチャートを作成する
- ☐ マインドマップを作成する
- ☐ SCAMPERの7つのチェックリストに当てはめる
- ☐ ECRSで整理する
- ☐ 他者と意見交換する

4 決断力

　人生は選択すべき場面の連続であり、他者や環境の影響を受けながらも
その都度自分で決断を下しています。自分らしいワークライフマネジメン
トの実現のために、的確で迅速な決断ができるようにしていきましょう。

	決断のポイント	留意点
①	判断・決断基準を設定する	● 自己満足にしない（見栄を張らない） ● 他者の意見に惑わされない
②	覚悟する／後悔しない	● 結果の責任は自分にある ● 何もしないこともリスク
③	失敗を恐れない	● 考えすぎない ● 完璧を求めない／ベターを選ぶ ● ときには逃げてもいい
④	修正の可能性を探る	● 誤ったとしても微調整はできる

1. 自分の選択・決断基準を設定する

　選択・決断の結果は自分の責任です。後悔をしないために選択・決断の
基準を設定しておきましょう。また、見栄を張ったプライドで決断しない
ように選択・決断の「理由」を残しておくようにしましょう。

（1）自分の最優先事項を決める

　まずは、現時点においてあなたが最も大事にしている価値観を明確にし
ておきます。たとえば、家族や恋人、仕事、自分の時間です。

＜実践：あなたの最優先事項＞

(2) 複数の自分軸を設定する

　その事案、その場面に適した決断ができるように、複数の基準を設定します。1つの軸ではなく、2つの軸に基づいて総合的に判断したり、場合に応じて基準を変更させることも必要です。

　たとえば、重要性と緊急性、メリット（効果）と難易度、知識と経験、必要性と難易度、好感度と必要性などの2軸を設定して書き出します。

(ⅰ) 緊急性と重要性の軸

　どの作業から始めるべきか優先順をつけたいときには、緊急性と重要性に基づいて決めます。❷「重要で緊急性の高い仕事」ばかりに追われないように❶「重要だけど急がない仕事」をできるだけ優先しておきましょう。

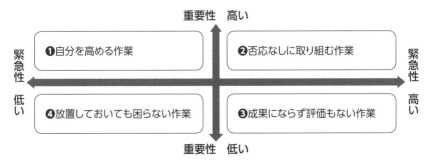

(ⅱ) 効果と難易度の軸

　やる気を持続させるために、即効性があるものや成果が見えるものから始めます。❶「効果が高く難易度は低い」ものから実行して、次に❷、❹、❸の順番で進めるとよいでしょう。

(ⅲ) 好感度と必要性の軸

　できるだけ良い印象を受けたものを選ぶことで、良い結果につなげて、後悔を減らします。まずは❷から始めて、❸、❶、❹の順番で行いましょう。

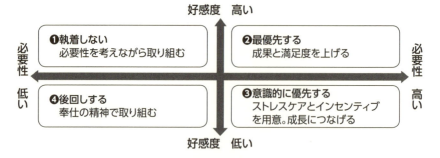

(3) 選択・決断に迷った場合の決断軸
　(A)「今しかできないこと」を優先する
　(B) 大変そうな方を選ぶ（成長するため、乗り越える喜びを味わうため）
　(C) 何をしているときの自分が好きかを想像し、好きになる方を選ぶ
　　　（自分を嫌いになる方は選ばない）
　(D) 安心できる方を選ぶ
　(E) 失敗したとしてもその先の考えがある方を選ぶ
　(F) 消去法で選ぶ

2．決める練習をする（実践）
　選択・決定基準を設定したら、日頃の些事から「決める」練習を積極的に行いましょう。

(1) 自分の中で多数決をとる練習
　覚悟を決める練習です。賛成：反対＝100：0ではなく、たとえ賛成：反対＝49：51であっても多数決で決めます。50：50の場合には、コイントス等をして決めます。とにかく意思決定を下すことを意識して、完璧な結論ではなくベターな決断をする練習をします。うまくいかなくても次の機会の判断材料になりますし、途中で修正もできることを学びましょう（決断後にも微調整はできます）。

（2）時間の節約を優先する決め方の練習

　たとえ決断が誤っていたとしても、素早い決断であれば、後で微調整しやすくなります。素早い決断力を身につけるために日常生活で時間を意識しましょう。

　たとえばランチのメニューは1分以内に決めます。1分で決めて「失敗」したと思っても、それは次のランチを決めるときのデータ、つまり、次の最適な選択のためのデータになります。じっくり考えることも大事ですが、考えすぎはよくありません。たとえ30分かけて悩んだとしても、1分悩んで決めた以上の最適な決断になるかは分かりません。

（3）自分の納得度を数値化する練習

　なぜそういった決断をしたのかを見直せるように、決断するに当たって納得した割合を数字で残すようにします。

　たとえばAとBのどちらかを選択する際に、イメージの良さはA：B＝7：3、好みはA：B＝4：6などと割合を決めます。数字を用いることで客観視でき、結果データ（経験）の蓄積によって、より良い判断ができるようになります。また、選択肢に対して「賛成する自分」と、「反対する自分」の気持ちの割合（％）を書き出しておきます。

3. 失敗を恐れない

　決断の結果は自己責任ですが、失敗を恐れて決断を避けないようにしましょう。成功は多くの失敗や誤りを経て生まれています。

　また、決断ができない場合には、見方を変えてみましょう。決断できずに迷っていることを楽しんでいることがあります。「決断するまでの間（決めない状態）」は「可能性をたくさん残していてワクワクする状態」だからです。覚悟ができるまでは未解決状態を楽しみ、「しないことを選択する（決める）」としましょう。どう考えても決断できないときは、逃げるという選択肢もあることを覚えておきましょう。

選択肢が多くても決断できない

　選択肢を広げることは自由になることと同じ意味を持ちますが、その一方で、選択肢の多さは心理的な負担となって、悩みや不安を増やす要因となります。
　コロンビア大学ビジネススクールのシーナ・アイエンガー教授はジャムの法則を示して、人間は選択肢があまりに多いと逆に選択ができなくなることを紹介しています(『選択の科学』(文芸春秋、2010)。ジャムの法則(選択回避の法則)とは、24種類のジャム売場と、6種類のジャム売場を比較した場合、24種類のジャム売場は6種類のジャム売場の10分の1の売上げにしかならなかったという結果から導き出されました。また、心理学者であるバリー・シュワルツ氏も、「選択肢は多いほどよい」のではなく、選択肢の多さが逆に人々の幸福度を下げているとする「選択肢のパラドックス」を説いています。比較対象の数が多ければ多いほど、認知的不協和と呼ばれる心理的ストレス状態に陥りやすくなるのです。たくさんの選択肢を絞るためにも、自分の判断基準を設定していることが重要になります。

（決断力） まとめてチェック ✓

○決断をするための確認事項
- ☐ 自分の最優先事項を決める
- ☐ 複数の自分軸を使う
- ☐ 迷ったときの決断軸を使う
- ☐ 覚悟する
- ☐ 失敗を恐れない
- ☐ 修正の可能性を探る

○決断力の磨き方(実践)
- ☐ 日常の些細なことでも「決める」ことを意識する
- ☐ 自分の中で多数決をとる
- ☐ 時間を区切ってすばやく判断する
- ☐ 納得した割合を数字で表す

挑戦力

　挑戦とは、困難なことや新しいことに立ち向かって現状をより良くしていくことです。現状を改善するだけでなく、キープするためにも、新しいことを生み出し続ける必要があり、そのために努力や工夫を続ける必要があります。恐がらずに挑む力を身につけていきましょう。

1. はじめの一歩を踏み出す

　挑戦すると、喜びや楽しさだけでなく、悲しみや恥ずかしさも経験することになります。しかし、勇気を出して挑戦した経験が積み重なると自信になり、それが次の挑戦につながります。まずは勇気を出して行動してみましょう。

2. 今までのバランスを見直す

　新しいことを始める前に、これまでの優先順位や時間配分を見直してみましょう。少し変えてみることで、できないと諦めていたことができることもあります。周囲の状況が変わっているかもしれませんし、自分自身が成長していて力量が増えていることもあります。就業中の時間の使い方、仕事終わりのプライベートな時間の使い方など、思いつくことから書き出してみましょう。

<例>

勤務後の時間や休日はただのんびりしている	資格試験を目指したり大学・大学院に行くことで、新たなキャリアパスを描く
休日は気心の知れた友人ばかりで戯れている	新たな出会いのある場に参加することで、ご縁を広げる
会社ではいつもの決められた業務に従っている	既存の業務の改善や新企画を検討しながら働くことで、キャリアアップを目指す

見直すと…

3.「できている」イメージを描く

　失敗を恐れて何も挑戦できないときは、成功している（喜んでいる、楽しんでいる）イメージを持ちましょう。前述の通り（「発想力」参照）、ポジティブなイメージを思い浮かべて一歩踏み出てください。始める前から「無理だ」と自分で勝手に自分の限界を決めないようにしましょう。

＜実践：「できている」イメージ＞

4.小さな挑戦からはじめる

　失敗を恐れて挑戦する覚悟がなかなかできないときには、次のような小さな挑戦をして、楽しみながら自信をつけていきましょう。自分の五感の枠を超える練習です。

＜例＞

視覚	服の色、小物の色やネイルの色など、これまで身につけたことのない色に挑戦しましょう。色には様々な心理効果があることが分かってきています。心理効果で選ぶと自分に理由づけができて挑戦しやすくなります。
	美術館や博物館、植物園等に行ってみましょう。長い歴史をかけて残された美術品や自然から美感を磨きます。
味覚	入ったことのないお店や食べたことのない料理に挑戦しましょう。人の味覚は変わるものです。これまで苦手だと思っていても、トライしてみると意外に大丈夫だということがあります。

	これまでに聞いたことのないジャンルの音楽を聴いたり、歌舞伎やミュージカルなどの舞台を見に行きましょう。 違和感のある音も自分の意外性に気づくきっかけになることがあります。邦楽や古典等は長い歴史の中で淘汰されてきたものなので精神性を広げるのに役立つかもしれません。
聴覚	
	公園や海等の自然の中で自然が奏でる音に耳を傾けてみましょう。 普段気にしないところにも新鮮な発見があります。
嗅覚	アロマの心理効果を試してみましょう。 香りにも様々な心理効果があるだけでなく健康増進に役立ちます。入浴剤や柔軟剤の香りなら挑戦しやすく気分転換になるでしょう。
	スーパーではなく商店街で惣菜を買ってみましょう。 小売店の人との短い会話を楽しみ、その街特有の匂いを感じます。
触覚	いつもと違う道を歩いてみましょう。 新しい風景や出会いを肌で感じて感性を高めます。
	新しいディバイスやアプリに挑戦してみましょう。 新しいディバイスの使い始めはとても面倒なことも多いですが使いこなせるようになった時の喜びは大きいですし、生活を変化させるのにも役立ちます。

5. 他人の物差しを捨てる

　挑戦するときには、他人の物差しで自分の成果をはからないようにしましょう。他人に認められることを目的にしてしまうと、自分の成長のためという挑戦の本当の価値を見失います。挑戦によって得られる経験や感情はあなたのものであり、その価値は他人には分かりません。

　挑戦力を高めるのは、成果を上げて他人に認めてもらうためではなく、あなた自身のライフワークスタイルを実現するためです。

6. インポスター症侯群から脱出する

　女性は協調性を大事にする方が多いため、インポスター症候群を抱える方が多いといわれています。インポスターは詐欺師のことであり、インポスター症候群とは、自己評価が低く、自分の成功を自分の実力によるものとは思えず、すべて周りのおかげや運であると思う傾向のことです。自分の仕事での成功が偽りのものではないかとの思いから後ろめたさや、そのうち偽りと分かるのではないかと不安にさいなまれるのが特徴です。

　自分の経験や実績を紙に書き出して見直してみましょう。あなたは組織に十分貢献しています。自信をつけて新しいことに挑戦していきましょう。

＜実践：今までの経験と実績＞

○経験（挑戦した経験、失敗から学んだ経験等）

○実績（仕事での成果、誰かの役に立てたこと等）

７．どうしても挑戦ができないときの対処法

挑戦しないことが機会損失（チャンスロス）になるかを考えます。女性活躍推進法が成立した社会で、キャリアやスキルのアップに関することに挑戦しないということは「機会損失」とならないか、挑戦することで得られるものと失うものを書き出してみましょう。

＜実践：挑戦で得られるもの＞

＜実践：挑戦で失うもの＞

【語句説明】
機会損失（チャンスロス）
……機会損失とは、経済用語で最善の意思決定をしないことによって、より多くの利益を得る
　機会を逃すことで生じる損失のことです。

8. 挑戦し続けるためのセルフコーチング

　挑戦し始めたら、挑戦への情熱が続くように自分自身をコーチングして
いきましょう。もちろん他者に相談して後押しを受けるのもいいですが、
GROWモデルというフレームを用いて自分自身でモチベーションを維持
していきます。

＜実践：GROWモデルを実施する＞
❶GROWモデルのフレームに従って質問に答える

　付箋紙（またはノート）を用意して、次頁の表の「質問」に対するそれ
ぞれの「回答」を思いつく限り、1枚に1つ書き出します。

　たとえば、「Resource（資源）」では、人物として「協力してくれる人、
相談に乗ってくれる人、手伝ってくれそうな人、情報をくれそうな人」と
考えていきます。その他、モノ、お金、資格、時間、経験等、自分が使え
そうな資源を同様にすべて洗い出していきます。

❷優先順位をつける

　次に、書き出した付箋紙（選択肢）を並び替えてそれぞれの項目に優先
順位をつけます。

第**2**章

計画力

分析力

発想力

決断力

挑戦力

対処力

感謝力

65

❸見えるようにする

　並び替えた付箋を目につく場所に置いて1日のうち1回は確認します。特に「Will（意思）」を見直し、情熱を維持します。

GROWモデル	質問	回答
Goal 目標設定	何を目指しますか	
	何に挑戦したいですか	
	達成したいことは何ですか	
	何がどうだったら満足ですか	
Reality 現状把握	今はどんな状況ですか	
	その挑戦はどのくらい進んでいますか	
	課題はどんなことがありますか	
Resource 資源	現状と目標の差を埋めるために使える資源はありますか	
	あなたは何を持っていますか（お金/時間/資格/頼れる人）	
	役に立ちそうな経験はありますか	
Options 選択肢 行動案	資源を活かす方法はありますか	
	挑戦が上手くいく方法はありますか	
	他にやり方はありませんか	
	自分らしい方法はありますか	

Will 意思	いつまでに何をやりますか	
	一番手を付けやすいことは何 ですか	
	上手くいったらどんな気持ち になると思いますか	
	本気でやる覚悟がありますか	

（挑戦力） まとめてチェック ☑

- [ ] はじめの一歩を踏み出す
- [ ] 今までの優先順位と時間配分を見直す
- [ ] 成功しているイメージを描く
- [ ] 小さなことから挑戦する
- [ ] 自分の物差しで成果をはかる
- [ ] インポスター症候群から脱却する
- [ ] 機会損失を考える
- [ ] GROWモデルでセルフコーチングする

6 対処力

　リスクや危機は避けたいですが、あらかじめすべての事態を予測して備えておくことはできません。新しいことにチャレンジしつつもそれに伴うリスクや危機を予測しながら、適切に管理していく必要があります。また、人間関係のトラブルへの対処も適切に行わなければ理想のワークライフバランスは実現できません。ストレスを軽減する解決策を学んで、対処力を高めましょう。

1. リスクと危機への対処の流れ

　リスク管理は未発生（未来）の事態に対する備えをいい、危機管理はすでに発生した（過去）事態に対しダメージを極力少なくする対策をいいます。

　積極的に物事に取り組めば、それに伴ってリスク（予想から外れること、損失や危険等）が発生します。リスクと危機に対しては、リスクをとりながらも、①それによる被害を最小限に抑える準備をしておき（予測）、②リスク発生後には、最適な方法によって対処し、③同じような状況が二度と起こらないように予防策を講じておきましょう。

> ①予測　→　②最適な対処　→　③予防策の策定

2. リスクや危機を予測する

　リスクは「発生の可能性」×「被害の大きさ」で表すことができます。

　リスクや危機に迅速に対処するためには、それらの発生要因を予測しておかなければなりません。どんなことがリスクや危機になり得るのか、影響力の大きさ、影響の及ぶ範囲、発生の可能性、発生の頻度から予測します。

(ⅰ) リスクの要因を考えて、書き出しましょう

<例>

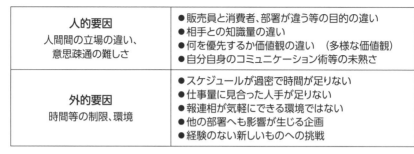

人的要因 人間間の立場の違い、 意思疎通の難しさ	●販売員と消費者、部署が違う等の目的の違い ●相手との知識量の違い ●何を優先するか価値観の違い　（多様な価値観） ●自分自身のコミュニケーション術等の未熟さ
外的要因 時間等の制限、環境	●スケジュールが過密で時間が足りない ●仕事量に見合った人手が足りない ●報連相が気軽にできる環境ではない ●他の部署へも影響が生じる企画 ●経験のない新しいものへの挑戦

<実践>

(ⅱ) 考えられるリスクや危機を予測し、❶～❹に配置しましょう

「発生頻度・可能性」は、頻度の基準（発生確率または発生件数）を数値化しておきます。「影響（被害）」は、一定期間内の被害額（量）とするか、一件当たりの被害額（量）とするかを明確にしておきましょう。

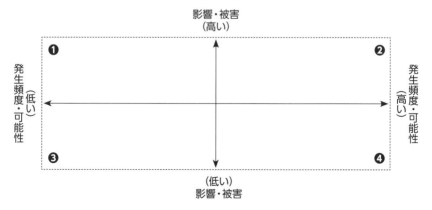

3. リスクと危機に対処する

　リスクや危機への対処方法として次の（ⅰ）回避、（ⅱ）転嫁（ⅲ）軽減、（ⅳ）受容があります。全体として損害を最小にする方法を選択して迅速に行動に移しましょう。

　危機に対しては、今までの経験にとらわれず、弾力性をもって創造的にその場面にふさわしい対処をします。ミスへの対応は他者に無理なお願いをすることになります。また心理的にパニック状態となることもあります。そんなときこそ、しなやかに対応（言葉づかい、表情、態度）することを心掛けましょう。まずは、深呼吸を3回程度行い、穏やかな口調と落ちついた態度での対応を心掛けてください。

（ⅰ）回避

　リスクの発生原因そのものを除去します。❷に配置されたリスクに対しては、活動そのものを取りやめることでリスク回避していきます。

＜例＞
・悪天候で交通機関の混乱が予測されるため、出張をとりやめる。

（ⅱ）軽減

　リスクの発生頻度や可能性を低くします。❷→❶、❹→❸となるように、発生の可能性や頻度を小さくします。

＜例＞
・悪天候で交通機関の混乱が予測されるため、前日に現地入りする出張予定に変える。
・PC機器類の故障に備え、定期的にバックアップをとったり点検を行う。

（ⅲ）転嫁

　損失や法的責任を他に移転することでリスクをなくします。❷→❹、❶→❸となるように、発生の頻度・可能性を小さくします。なお、リスクの転嫁にはコストがかかることがあるため、費用対効果を考えることが重要になります。

＜例＞

・出張翌日に大事な打ち合わせが入ったため、悪天候で戻れないリスクに対処するため代理の人に出張に行ってもらう。

・PC機器類の故障に備え、リース契約にする。故障に備え、保険に入っておく。

（ⅳ）受容

　リスクをそのまま抱えておきます。対策に費用がかかる場合や、対策が新たなリスクを発生させる場合はこのままリスクを保持します。

＜例＞

・買い替えのコスト、新機種に慣れるまでの時間効率等を考慮して、故障の可能性を抱えたままPC機器を使い続ける。

４. 予防策を講じる

　ミスは隠さず、関係者へ十分謝罪した上で今後の対策を示しましょう。責任の所在を明らかにして、二度と同じミスが生じないようにします。作業工程を自分だけでなくチーム全体として見直して、新たなマニュアルを作成します。

❶日常から危機管理意識を持つ

　普段から失敗の経験を報告書等にしてまとめておく（失敗予防マニュアルの作成）とともに、類似した他者の失敗も見直します。

❷優秀な上司の対処法をまねる

　尊敬できる上司や身近な同僚等から対処法を学びます。

❸ルーティンワークの見直し

　予測可能性を高めるために、作業工程を最新の状況（月ごと、チームごと、企画ごと等）に合わせてアップデイトしていきます。「大丈夫だ」という思い込みを減らしてチェックできる体制を整えます。

❹的確な人材を選ぶ（環境を整える）

　類似の損失が発生しないように、作業工程だけなく作業担当者も適材適所になるように見直します。だれにどのような内容の作業を依頼するのか

は、過去の結果に基づいて選びましょう。

❺自分自身の言動や行動の見直し

　自分自身の言葉づかいや思考癖を見直し、メリハリのある行動スタイルか、報連相のコミュニケーションが適切であるかを確認します。

5.人間関係のトラブルに対処する

　自分と自分の周りの人間関係が良好であれば、未然にリスクや危機を抑えることができ、たとえ発生したとしても適切な対処ができます。人間関係のトラブル対処法を実践していきましょう。

(1)リセット法による対処

①環境をリセット

　人間関係のトラブルが頻発するのであれば、「場所」・「時間」・「人」をリセットします。これら3つの環境リセット法でストレスを軽減させ、理想のライフワークを実現させましょう。

場所 リセット	環境を新たにして状況を変化させる	●引っ越す ●活動エリアを変える ●席を変える ●ランチや休憩の場所を変える ●通勤路線を変える
時間配分 リセット	毎日の時間の使い方を変える	●1日(または1週間)の予定を変える ●何かをやめる ●新たなルーティンをつくる ●出社時間を早める ●休憩時間を変える
人付き合い リセット	付き合う人を変える	●話したことのない人に話しかける ●興味のある外部セミナー等に参加する

②思考のリセット

　自分の「だろう・はずだ・違いない」の思い込みを捨てましょう。

　事実ではない本当らしい話は、リスクや危機を生じさせます。「事実」と「印象や思い込み」を混ぜて話さないように、話す内容が客観的な事実や証拠に基づいているか考えながら発言しましょう。

③見た目と行動のリセット

体(たい)	●生まれてから変わらないもの ●本質・実体・普遍的で変わらないもの
用(よう)	●行動や働き ●機能・作用・パフォーマンス等変えられるもの
相(そう)	●印象等の見た目の姿形・ビジュアル・ボーカル等変わるもの、変えられるもの

　「体」は変えることはできませんが、見た目の「相」と、行動の「用」は変えられます。自分がどのような印象を周囲に与えたいかを考え、それにふさわしい見た目と行動を実践しましょう。たとえば、あなた自身がどんなに「私はやさしい性格」と思っていても、やさしい性格に見えて、そのように行動をしていなければ、事実とはなりません。あなたが理想とする人をお手本にして、理想を書き出していきましょう。

<例：やさしいと思われたい>

見た目(「相」)	行動(「用」)
おだやかな微笑み(笑顔) やさしい色の洋服 整った髪形 ナチュラルなメイク ふくよかな体型 華奢なアクセサリー	やわらかい物言い 適度な間をとった話し方 丁寧な言葉づかい 周囲への気配り 落ち着いた物腰 他人のうわさ話をしない

<例：明るいと思われたい>

見た目(「相」)	行動(「用」)
目が生き生きしている 口角の上がったまぶしい笑顔 姿勢がいい 動きやすい服装	元気な挨拶 トーンの高い話し方 さっそうと歩く 背筋を伸ばして胸を張る

＜実践：＿＿＿＿＿＿＿＿＿＿＿＿＿＿＿だと思われたい＞

見た目(「相」)	行動(「用」)

（2）ペルソナの仮面を使い分けた対処

　ユング（Carl Gustav Jung）による「ペルソナ」（外界に適応するために使い分けた社会的・表面的な人格）を意識して適切な役割を演じましょう。

　女性には様々な役割があります。家庭では、妻、母、嫁、父母に対しては娘であり、それぞれ役割が変わります。会社では、上司、部下、同僚、お客様の前では会社を代表している者となります。本来のあなた自身を変えるのではなく、それぞれの立場にふさわしい役割を演じることで、人間関係のトラブルに対処できます。

（3）具体的なストレス事象別の対処

①女性の感情的な行動への対処

　先入観による決めつけや、女性特有の体調の波に対しては、「まず深呼吸」を合言葉にして対処しましょう。人柄と事実を分けて、3秒数えてから、事実についてゆっくりと話し出しましょう。ぐっと低い声を心掛け、良く考えながら言葉を選ぶ余裕を見せましょう。

②自分以外の原因でどうしようもないときの対処

　自分以外のところに原因があり、どうしようもないときには、トラブル自体を回避することを考えましょう。あなたの身の周りに起こるリスクが転嫁も軽減も受容もできない場合には、回避（避ける、巻き込まれない、逃げる）します。

③他者のうわさ話や悪口への対処

　人のうわさ話や悪口を話したり聞いたりする時間はもったいないだけで

なく、心身を疲弊させます。さらにそのような話をしている人に人は寄りつきません。人望を失わず、時間内に仕事を効率よくこなして帰るためには、次のように対処しましょう。

❶社内の人間関係をある程度把握しておく
❷周りから一歩ひいて、「事実」と「印象や単なる思い込み」を見極める
❸「回避」「転嫁」「軽減」「受容」

回避	その場を見つけたら巻き込まれないように逃げる
	用事をつくる、帰宅を急ぐ
転嫁	話題を変える
	「そういえばこの前の…」と違う話題に切り替える
軽減	関わる回数や時間を減らす
	「仕事に戻らないと」「電話が入るから」と早々に切り上げる
受容	その場にいる場合、自分が発信源にならないようにする
	不用意な同意の相づちを打たない
	「本当なの?」と聞き返し、知らないことを強調する

④様々なストレスへの対処
　以下の方法は、科学的に根拠が認められている効果の高い気晴らしの方法です。

❶静かな時間を持つ
　深い呼吸をしましょう。静かにリラックスできる空間で静かな時を持つようにします。
❷心の中で自分とおしゃべりする
　真の自分に向き合うために、自分の本音の思いに触れる時間をつくりましょう。
❸書き出す
　むしゃくしゃした思いは紙に書き出すことで自分から放しましょう。殴り書きでも、文字でなくても、絵でも、図でもよいので思いのたけを全部アウトプットしていきます。落ち着いたらそれを眺めストレスの原因は、「コト」に対してなのか、「人」に対してなのか分析してみましょう。客観的に見つめることが対処法につながります。

思い出したくもない場合には、書いた紙を思いっきり丸めてポイッ！して発散してしまいましょう。

❹友達とおしゃべりする

　本音や愚痴を言って発散しましょう。「話す」ことは、「放す」こと、「離す」こと。頭の中でモヤモヤしている思いを「言葉」という「箱」に入れて自分の外に出していくことでスッキリさせます。言葉を選ぶ過程で、自分の中の思いに気づくことで解決の糸口が見つかるかもしれません。

❺その他

　思いっきり体を動かしたり、大きな声を出したり、好きな音楽を聴くことも効果的です。ストレスが重症化しないうちに、早めに小まめに自分流の気晴らしを実践していきましょう。

（対処力）　まとめてチェック ☑

○リスク危機への対処法

- ☐ 日常からリスク危機管理意識を持つ
- ☐ 「回避」「転嫁」「軽減」「受容」を使い分ける
- ☐ 優秀な上司の対処法をまねる
- ☐ ルーティーンワークを見直す
- ☐ 的確な人材を選ぶ
- ☐ 自分自身の言動や行動の癖を見直す

○人間関係へのトラブル対処法

- ☐ 環境をリセットする
- ☐ 思考をリセットする
- ☐ 見た目と行動をリセットする
- ☐ ペルソナの仮面をつける
- ☐ 人柄と事実を分ける
- ☐ 「回避」「転嫁」「軽減」「受容」を使い分ける

7 感謝力

第**2**章

組織や社会の一部となってスムーズに物事を成し遂げるためには、周囲への感謝の気持ちを忘れてはなりません。女性は細やかな気づかいや観察洞察力に優れている人が多いので、感謝の気持ちを持つだけでなく、行動として表していく練習をしていきましょう。

1.「正直」「親切」「愉快」な日々を送る

異色の哲学者として現在でも多くの政財界人から支持されている中村天風氏は、「『正直』『親切』『愉快』に日々過ごしていくという、この3つの行いを実践すれば感謝することは容易にできる」と説いています。感謝の気持ちを持てるように実践してみましょう。

正直であるために		親切であるために		愉快であるために	
☐	自分の感情を押し殺さない(悲しいときは悲しみ、嬉しいときは喜ぶ)	☐	困っている人を見捨てない(勇気を出して声を掛ける)	☐	明るく楽しくなる言葉で相手を笑顔にする
☐	他人に合わせ過ぎない	☐	他人の立場を意識する	☐	目の前のことを楽しむ
☐	自分と対話する時間をつくる	☐	譲れるものは譲る	☐	楽しいことを考える
☐	やりたいことをやりたいと言葉にする	☐	自分の持っているものを出し惜しみしない	☐	声を出して笑ってみる

2.「当たり前」に感謝する

感謝の気持ちを持つために、日常で「当たり前」と思っていることを見直してみましょう。環境が変化したり、思い掛けない出来事が起きたりして「普通」で「当たり前」だと思っていたことを、なくしてはじめて「有り難い」(=「有ること」が「難しい」)ことだったと気づかされます。

あなたが「当たり前」としていることを、時系列(朝から晩)にしてリストにしていきましょう。習慣づけるために、「良かったこと、有り難いと

思ったこと」を意識的に思い出して、毎日日記やメモに書き出すようにするとよいでしょう。

＜例＞

朝	●新聞が届いている ●部屋が適温になっている
昼	●依頼していた書類が期日に届く ●毎日元気に働けている　●ランチがおいしい
晩	●部屋が片付いている ●就業時間後、電車に乗って帰れる

＜実践：あなたの「当たり前」＞

朝	
昼	
晩	

3. 感謝の力でツキや運を呼ぶ

　感謝の気持ちを持って行動すると、ツキや運が良くなります。ツキは、人と人との関係性によって引き寄せられてきます。その関係性を「縁」とも呼びます。縁によって、ツキがたくさんは運ばれて来たら「運」（び）が良い（＝運が良い）ということです。良縁が「運」を良くするといえます。

　一見良くないと思える縁も、すぐに諦めずに見直して「良」縁に変えていきましょう。感謝の気持ちを持って見直すと、どんなことも自分を良い方向へ向かわせてくれるものだと判断できるようになります。出来事をリストアップして「良い縁」をつくり出しましょう。

＜実践＞

「やる気を起こしてくれた」 出来事は?	やる気を出して良かったことは?
「思わぬ休息」をくれることになった 出来事は?	休息を得て良かったことは?
「新たな自分を発見」させてくれた 出来事は?	新たな自分になって良かったことは?

4.行動に移す

感謝の気持ちが持てたら、それを行動にしていきましょう。

行動	
☐	明るくはっきりしたあいさつをする
☐	感謝の言葉を一言伝える
☐	いたわりの言葉を伝える
☐	おかげさまの気持ちで親切に接する
☐	笑顔で対応する

「ありがとう」と言葉にできない場合には、「すみません」からはじめましょう。「すみません」には、感謝（Thank you）、依頼（Excuse me）の気持ちも表現できます。「すみません」に慣れたら「ありがとう」を伝えていきましょう。

<例>

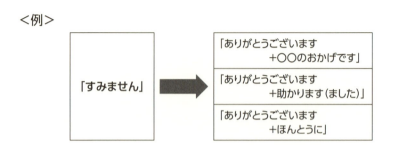

5．心からの感謝を表現する（注意点）
　表面上の「ありがとう」の言葉だけでは感謝の気持ちを伝えることができません。心からの感謝を示せるように、礼儀作法やマナーを意識していきましょう。

(1)「おはよう」「こんにちは」「おつかれさま」は認め合う合図
　心地よい場をつくるための一番簡単な方法が、元気なあいさつです。
　あいさつは、相手の存在を認識して認めていますよ、という「合図」です。職場でも家庭でも、あいさつによってお互いを認め合うことで心地よい場がつくれるでしょう。

(2)モノで「ありがとう」「すみません」の言葉を代用する
　気持ちは目には見えないものですので、時には言葉や態度のみならず、「モノ」に込めて、さりげなく伝えても良いでしょう。

(3)礼儀作法の型を整える
　感謝や礼儀の気持ちは、正しく相手に伝わることが何より大事です。また、適切な表現方法を用いなければ、想いは正しく伝わりません。

たとえば、お辞儀は、会釈（15度）、敬礼（30度）、最敬礼（45度）というように角度により、その時の気持ちを表すことができます。上座下座などの席次、お茶の出し方でも敬意やもてなす気持ちを表すことができます。礼儀作法は歴史の中で淘汰されて残ってきたものなので理解されやすい型です。作法を学んでいきましょう。

（4）心も身も健康でいる

　自分の心と身体が健やかでなければ他人に心からの「ありがとう」を言えません。感謝ができる'余裕のある自分'でいるためにも、ゆっくりと深呼吸をして呼吸を整えたり、休息をとって健康管理をしておきましょう。誰かの前だけでなく、誰も見ていなくても背筋を伸ばしたり、服装や身の周りを整えておくことが大事です。

（ 感謝力 ）　まとめてチェック ☑

- ☐ 「正直」「親切」「愉快」な日々を送る
- ☐ 「当たり前」に感謝する
- ☐ 「良い縁」をつくり出す
- ☐ 感謝を行動として表す
- ☐ 真心を込める

「意図的な練習」でマネジメント能力を磨く

　マネジメントする力をつける一番のコツは、一つひとつ実践することです。うまくいかないときは、うまくいくまで「意図的な練習」を繰り返しましょう。アメリカの心理学者、アンジェラ・ダックワースは、成功にはどんな優れた資質よりも「やり抜く力」が重要で、「やり抜く力」をつけるために、昨日よりうまくなるための「意図的な練習」（目的を持って改善をくりかえすこと）の必要性を説いています。

　難しく考えないで、あなたの'持ち場'で理想を胸に小さな当たり前のことから改善していきましょう。そして少しずつ良くなっていくことを楽しみましょう。改善には、上司や先輩にフィードバックも役立ちます。

　壁を乗り越え、あなたの理想を実現するのは、実践の積み重ねあるのみです。

参考図書
アンジェラ・ダックワース著、神崎 朗子訳『やり抜く力 GRIT（グリット）―人生のあらゆる成功を決める「究極の能力」を身につける』（ダイヤモンド社、2016）

第 3 章

他者を
マネジメント
する

① 2章の応用
② 受容力
③ 伝達力
④ 指導力
⑤ 調整力
⑥ 交渉力

　仕事の経験を積み重ねると、後輩を指導したり、チーム全体の作業を管理して目標を達成することが求められてきます。これが管理職への第一歩です。管理職は、組織運営を考えながら他者を指導してチーム目標を達成できるようにすることが求められており、管理職として求められるマネジメント能力とは、組織を良い状態に保ち、組織の力を最大化して成果を出すために「他者が結果を出せるように取り計らう」ことです。

　そこで本章では、管理職として求められている他者をマネジメントする能力として、「2章の能力の応用」「受容力」「伝達力」「指導力」「調整力」「交渉力」の5つを磨いていきます。

　多くの女性が得意としている「取り計らう」という能力に基づいてマネジメント力を強化していきましょう。

1 「自分をマネジメントする」力の応用

　まず、第2章の7つの能力を、以下のように他者のマネジメントに応用していきます。

1. 計画力

ビジョンを描く
目標を明確にする
SMARTな計画を立てる
アクションプランを策定する
逆算して計画する
インセンティブを用意する
計画を見える化して実行する

― 応用のポイント ―

(1) 会社の方向性や価値観を確認しておく

　組織の理念（目的）・目標・計画を見直しましょう。組織が向かう方向と、あなたが目指す方向は同じでなければなりません。

　あなたに期待される役割を具体的に理解するためにも、会社の価値観（企業の中核となる価値観や特徴、他社よりも優位に立てる強み）を確認し、あなたの仕事における価値観と照らし合わせておきます。

(2) チームの方向性を見直す

　次に部下の仕事の内容や取り組む姿勢を、チームの方向性に合わせていきましょう。チームと会社の目指す方向がシンクロするように計画していきます。なお、他部署とのトータルバランスも考え、会社組織全体として最適となるようにしましょう。

組織の一員であることを自覚できていない部下には、業務の計画段階からメンバーとして主体的に参加してもらうことで、会社の方向性と業務内容の進行計画を確認させます。チームの目的達成の当事者となる意識を持たせることで、ビジネスマインドを鍛えます。

なお、他者の価値観を知るツールとしては、マズローの5段階欲求（37頁）やキャリア・アンカー（95頁）を参考にするとよいでしょう。

（3）組織の成果管理ができる計画にする

計画のステップを明確にしておくことで、後述するPDCAサイクル（121頁）を確実にまわせるようになります。

計画力は、「ビジョンを描く力＋目的把握力＋目標設定力＋計画策定力＋計画実行力」であり（33頁）、管理職には不可欠な力です。

2. 分析力

解決すべき問題を明確にする
事実と感情を分ける
5W2Hで問題を具体化する
グルーピング、MECE、フレームワークを用いる
縦と横の関係性から把握する
因果関係から原因を見つける

── 応用のポイント ───────────────────

（1）業務内容を分析して仕事が人に紐づかない仕組みをつくる

管理すべき業務内容全体を分析して、組織の仕事を平準化しましょう。仕事が「人」に紐づかないようにして、「その人がいなくても回る」仕組みを整えておくことが組織強化につながります。

❶自分の業務内容は、一つひとつ簡潔かつ具体的に説明できる作業に分けて、誰でも分かるようにする。

❷業務フロー表や作業工程表等を作成し、他者が自分の業務にかかわりやすくする仕組みをつくる。

❸自己の作業手順確認用マニュアルを、部署全体の業務管理用の仕様に変える。

※マニュアル（作業手引書）は、作成されて時間が経過していると形骸化しますので、定期的に見直しましょう。

❹上記❶❷の作業を部下にも促し、部下の仕事量や内容を把握できるようにする。

（2）業務内容の見直しで業務改善をする

仕事を細かく分けて業務量や実施頻度、所要時間を計測・記録しておきましょう。定量的に業務内容を把握しておくことで、業務改善に対応しやすくなります。業務日誌を書く場合には、単なる感想文や行動記録にならないように、仕事内容と作業時間の計測結果を記録する習慣をつけることで、見直し、分析しやすくなります。

（3）分析・改善のツールを使う

プロセスマップと加減乗除の発想を用いて、他者の仕事を管理します。

仕事の行程をプロセスに分け局面・段階ごとに管理すること（プロセスマップ）で、個々人とチーム全体の業務進行状況を管理できます。忙しくて余裕がない、仕事が滞りがちになる、ミスが目立ってくる場合等にもプロセスマップを用いて仕事全体の流れを確認するとよいでしょう。

（ⅰ）プロセスマップ

管理職として部下の残業をなくすため、仕事の流れを以下の局面で分けます。

準備段階 ➡ 作業中盤 ➡ 作業終了時 ➡ 上司や顧客からのフィードバック

（ⅱ）加減乗除の発想

次に、各局面に以下の発想を用いて業務改善と時間削減を目指します。

+	加算（足してみると）	●有効な要素を増やす ●他の要素を結合する
−	減算（減らしてみると）	●余分な要素を取り除く（単純にする）
×	乗算（掛け合わせてみると）	●他の原理を応用する
÷	除算（分けてみると）	●要素を分けて考える

3.発想力

ポジティブに考える
ポジティブとネガティブのバランスをとる
理想の「役」になって考える
マンダラチャート、マインドマップ、SCAMPER、ECRSを用いる
他者の意見を聞く
ひらめきを提案にかえる

― 応用のポイント ―――――――――――――――――――――

（1）意見を言いやすい雰囲気をつくる

　「三人寄れば文殊の知恵」ということわざのように、自分だけでなく他者の発想を受け入れることも必要です。お互いを刺激し合うことでより良い発想が生まれます。日頃から多様性を大切にしてチームのみんなが自由に話せる雰囲気をつくっていきましょう。

（2）ブレーンストーミングで発想を広げる

　アイディア出しのブレーンストーミングを用いて多様なアイディアを提示します。ブレーンストーミングとは、5〜7人がお互いにアイディアを出し合うことによって相互交錯の連鎖反応や発想の誘発を期待する技法です。次の基本4原則（❶〜❹）にそって、10分以内に集中して楽しくアイディアを出していきましょう。

❶自由奔放：制限なく、発想の角度を自由に広げていく。

❷質より量：多くの様々な発想を参考に、量（数多く出すこと）を意識する。

❸便乗歓迎：先に出ているアイディアを結合したり改善したりしていく。

❹批判厳禁：「いいね」「面白いね」等の認知・称賛のフレーズで発言を促す。

4. 決断力

自分の最優先事項を確認する
複数の自分軸を持つ
迷った場合の決断軸を用いる
失敗を恐れない
修正の可能性を探る
日ごろから決断の練習を行う

── 応用のポイント ───────────────

（1）判断基準を明確にする

　明確な判断基準に基づいた決断は組織の推進力につながります。他者をマネジメントして決断する際には、以下の判断基軸（内部と外部の基準）に従って決断をしましょう。

内部の基準	●組織の理念（会社の存在理由、目的） ●組織の重要目標（売上目標等） ●組織の方針（理念のための活動は何か） ●過去の事例　　　　　　　　　　　　等
外部の基準	●クライアントの理念や方針 ●相手先の状況やニーズ ●社会経済情勢　　　　　　　　　　　　等

88

（2）決断の根拠を分かりやすくしておく

　あなたがチームのリーダーとして決断するときは、「報連相」で情報収集した事実を根拠にして考えることになります。

　活用できる「報連相」にするためには、報連相をする側よりも、受ける側の姿勢が大きく影響します。報告や連絡をしてもらった相手に、その情報がどのように役に立ったかを明らかに（フィードバック）しましょう。決断の根拠となる情報は、一方通行ではなく双方向にすることが大切です。

5. 挑戦力

はじめの一歩を踏み出す
今までのバランスを見直す
「できる」イメージを描く
小さな挑戦から始める
他人の物差しを捨てる
インポスター症候群から脱出する
挑戦しない機会損失を考える
GROWモデルでセルフコーチングする

― 応用のポイント ―――――――――――――――――――

（1）挑戦させる

　部下のポテンシャルを引き出すことも管理職の仕事です。そのためには、部下の実力に合わせた仕事のみならず、少し背伸びをさせるような仕事にも挑戦させる機会を与えましょう。

❶部下の力を信じる。

　部下に信頼していることを伝えて、挑戦への恐怖を取り除きましょう。

❷仕事の意義・目的を明確に伝える。

　何のための挑戦か、どう成長につながるのかを分かりやすく伝えましょう。

89

❸途中で確認を入れる。

　進行具合や困ったことはないかを積極的に声掛けし、必要に応じて相談に乗りましょう。

❹フォローする。

　良い点をフィードバックして成功体験に結びつけてあげましょう。成果が出ない場合には、結果ではなく過程を評価します。

❺成功体験を積み重ねさせる。

　小さな成功体験の積み重ねで自信をつけさせましょう。次の挑戦意欲につなげていきます。

（2）挑戦を応援する

　自分を見守ってくれる人がいる、期待してくれる人がいることで自己肯定感が満たされてモチベーションが上がります。さらに、応援の気持ちが他者に伝わることでチーム全体に活気が生まれます。

　期待と成果の相関関係において、アメリカの教育心理学者ロバート・ローゼンタール（Robert Rosenthal）が、「人は期待されたとおりの成果を出す傾向がある」（ピグマリオン効果）という主張をしているように、部下への期待を応援という形で表すことは意欲を増すのに効果的でしょう。

6. 対処力

リスクや危機を予測する
「回避」「転嫁」「軽減」「受容」で対処する
日常からリスク管理意識を持つ
ルーティンワーク、マニュアル、自己の言動を見直す
人間関係は「リセット法」でトラブル対処する

─ 応用のポイント ──────────

（1）「確認」を習慣にする

　気掛かりなことはすぐに確認することで、ミスや業務時間のロスを防ぎ

ます。ヒヤッとしたこと、ハッとしたこと、気掛かりなことは放置せずに必ず確認しましょう。原因や出来事を周囲と共有することで大きなミスを未然に防ぐことができます。また、就業規則などの社内ルールは、あなた自身がまず熟知しておき、コンプライアンス違反を防止しましょう。

（2）ミスや不正を防ぐ仕組みをつくる

　ミスや不正を防ぐためには、当事者の意識改善のみならず、組織の制度体系の見直しが必要です。仕事量や内容が適切か、報告・相談しやすい雰囲気であるかを見直しましょう。

　「みんなやっている」（動機）、「これくらいバレないだろう」（機会）、「自分だけバカ正直では損」（正当化）という考えがコンプライアンス違反を生じさせます。米国の組織犯罪研究者ドナルド・クレッシーが体系化した「不正のトライアングル理論」では、「動機」「機会」「正当化」の3要因の1つでも欠けていれば不正は発生しないと言われています。日頃の部下との会話から、勤務状況、家庭環境や金銭状況などを確認しておきましょう。

（3）ミスや不正が生じたとき

　事実確認をした上で、上司に申告・謝罪し、事態の回復に迅速適格に取り組みます。急を要した対応が必要でない限りは、正確に事実を把握するために、当事者である部下に次の内容（❶～❹）を文章で提出させましょう。

❶どのような経緯でどのような不正・ミスが生じたのか
❷なぜ起こったのか（原因・理由の説明）
❸謝罪の意の確認（謝罪の意思と行為）
❹今後の防止策について

7. 感謝力

「正直」「親切」「愉快」な日々を送る
「当たり前」に感謝する
感謝の力でツキや運を呼ぶ
感謝を行動に移す
心からの感謝を表現する

― 応用のポイント ―

（1）心理的安全性の高いチームをつくる

　お互いが感謝の気持ちを持つと相互の肯定感が高まり良い雰囲気の組織がつくれます。感謝の気持ちを表現していきましょう。

　また、自分から伝えるのも大事ですが、ときには、他者に感謝の言葉を代弁してもらいましょう。人伝いで聞く方が素直に心に響くこともあります。感謝の気持ちを示して、部下の心理的な安全を確保しましょう。

＜例：『ねぎらい＋感謝』の言葉で安心できる場をつくる＞

「大変だね、いつもありがとう」
「助かっているよ、ありがとう」
「頑張ってくれて、ありがとう」

（2）他者の心を動かす

　ハーバード大学のメイヨー（George Elton Mayo）とレスリスバーガー（Fitz Jules Roethlisberger）のホーソン実験では、物理的な作業条件を変えるよりも、職場の良好な人間関係形成や個人の労働観を重視した方が、労働改善が見込めるという効果が認められました。心からの感謝はチームの雰囲気を良くします。円滑な人間関係の職場にして業務効率を上げましょう。

2 受容力

　管理職として部下をまとめ、仕事で成果を出していくためには、他者（部下・上司・顧客）と現在の状況を把握していなければなりません。ここでの「受容力」とは、他者を受け入れて他者の能力を活用していく力と定義します。

1.状況を受け入れる

　社会の状況はめまぐるしく変化しており、組織が置かれている状況も変化し続けています。組織が、今、何を目指しているのか（ビジョン）、何を大事にしているのか（バリュー）、何を為そうとしているのか（ミッション）を軸として、組織を取り巻く現状を把握し、今、組織の一管理職としてすべきことをしていかなければなりません。受け入れ難い現状であっても、社会の状況を見渡し、見方を変えたりアプローチの仕方や手順を変えながら受け入れていきましょう。

2.部下を受け入れる

　管理職に求められているのは、様々な経験や視点を持つ部下の育成・活用です。多様性を有効に活かすためには、違いを認識し評価し尊重していこうとする受容力が求められます。他者との話し合いの中で、次のことを意識していきましょう。

(1)価値観の違いを受け入れる

　何を大事にするかは人それぞれですが、職場では自分と異なる価値観を持っている相手にも、自分が意図するように動いてもらわなければなりません。能力を最大限に引き出すために、相手の価値観を正確に把握しましょう。

93

（ⅰ） 5つの基本欲求

　他者の価値観を知るために、アメリカの精神科医のグラッサー（William Glasser）の選択理論の「5つの基本欲求」をヒントにしましょう。人が何か行動を起こすときは、外側からの刺激で動機づけられるのではなく、内側から動機づけされるとし、その動機づけの基本となる5つの要素（欲求）を、「生存」「愛・所属」「力」「自由」「楽しみ」としました。

生存の欲求	安全安定・健康でいたい等、飲食・睡眠・生殖などの身体的欲求
愛・所属の欲求	愛されたい、仲間といたい等、良好な人間関係の欲求
力の欲求	認められたい、勝ちたい等、貢献・承認・達成・競争の欲求
自由の欲求	自律、解放、変化等、自分で決めたい、自分らしくいたいという欲求
楽しみの欲求	好奇心、独創性、ユーモア、学習、成長等、新たな知識を得たいという欲求

　他者との対話の中で、他者の仕事における欲求を把握していきましょう。「力」の欲求が強い人が、「一番になろうよ、がんばろうよ」「負けると悔しいよね、がんばって勝とうよ」と伝えたとしても、相手が「力」の欲求が弱い場合には、がんばる気にはなりません。「楽しみ」の欲求が強いことが分かれば、楽しめるようなやり方を提言し、「愛・所属」の欲求が強いようなら、一緒にがんばる仲間として認めていることを表現してあげます。

（ⅱ） キャリアアンカー（キャリア選択の自己基準）

　キャリアアンカーとは、アメリカの経営学者のエドガー・H. シャイン（Edger Henry Schein）が提唱する概念で、キャリア選択時に、最も大切で、これだけはどうしても犠牲にできないという価値観のことです。一度形成されると変えることが難しく、生涯に渡ってその人の重要な意思決定に影響を与え続けるとされています。

○「キャリアアンカー」シャインによる8つの分類

1	専門・機能別コンピタンス	自分の専門性や技術が高まること
		特定の分野で能力を発揮し、自分の専門性や技術が高まることに幸せを感じる
2	全般管理コンピタンス	組織の中で責任ある役割を担うこと
		集団を統率し、権限を行使して、組織の中で責任のある役割を担うことに幸せを感じる
3	安全性	安定的に1つの組織に属すること
		1つの組織に忠誠を尽くし、社会的・経済的な安定を得ることを望む
4	創造性	クリエイティブに新しいことを生み出すこと
		リスクを恐れず、クリエイティブに新しいものを創り出すことを望む
5	自律と独立	自分で独立すること
		組織のルールや規則に縛られず、自分のやり方で仕事を進めていくことを望む
6	奉仕・社会貢献	社会を良くしたり、他人に奉仕したりすること
		社会的に意義のあることを成し遂げる機会を、転職してでも求めようとする
7	純粋な挑戦	解決困難な問題に挑戦すること
		解決困難に見える問題の解決や手ごわいライバルとの競争にやりがいを感じる
8	ワークライフバランス	個人的な欲求と、家族と、仕事とのバランスを調整すること
		個人的な欲求や家族の願望、自分の仕事等のバランスや調整に力を入れる

出典:『キャリア・アンカー──自分のほんとうの価値を発見しよう 』
(エドガー・H. シャイン著、金井 寿宏訳、白桃書房 、2003)

　上記の8つの分類を意識しながら、次の❶～❸の方法で、他者のキャリアアンカーを見つけていきます。

❶得意なこと、やりたいこと、役に立てること（やることに意味を実感できること」）を質問する。
❷それらの質問に基づいて、部下自身に「キャリア選択の自己基準」が何であるかの内省を促す。
❸部下の「キャリア選択の自己基準」を理解し、本人にとって意味のあ

る仕事を獲得できるように上司としてサポートする。

（2）体調や態度の変化を受けとめる

　部下の体調や態度の変化は、業務の進行に大きく関わってきます。心づかいと関心は、部下のモチベーションを上げることにつながるとともに、部下の心と体の健康を守ることにもなります。ミスを事前に防ぐためにも、普段から目配り、気配り、心配りの三配りで変化の原因を探りましょう。

○部下の具体的な変化の表れ（印象・見え方など）

心の変化	落ち込んでいる、やる気が低下している、不安そうに見える、イライラや焦りが見える
身体の変化	過食、食欲不振、体重の極端な増減、疲れ、体のコリ
行動の変化	遅刻、欠勤、注意散漫な勤務態度、作業効率の低下、服装の極端な変化、ケアレスミスの多発、飲酒や食事の増加、作業中の事故やケガ

○部下の変化に気づいた場合の声掛け

❶何もなくても「（最近）どう？」と話し掛けてみましょう。

❷部下の変化に気づいたら、「大丈夫？」と気遣う一声を掛けましょう。

❸5分くらいの雑談で様子を見ます。相手が何かもっと話したいように見える場合は、別途、話を聴く機会を持ちましょう。

　（話をする時間の目安は、相手7割以上、あなたは3割以下になるようにしましょう。）

3. 受け入れる体制を整える

　他者をマネジメントするためには、自分自身が他者を受け入れる姿勢となっていなければなりません。上司が部下の話を聞こうと努力することで、「この人には話すことができる」「この人なら頼れる」という気持ちになり、信頼が生まれ、仕事への意欲・パフォーマンスの向上につなげることができます。このような互いに信頼し合い、相手を受け入れている関係は、心理学上「ラポール」（「橋を架ける」という意味）と呼ばれています。

（1）傾聴スキルを磨く

　聴くことは、仕事上の様々な情報収集のために必要なだけでなく、信頼関係全般にプラスの効果があります。相手に受け入れられているという安心感を与えることはメンタルヘルス上も良い影響を与えます。相手の信頼を得るために、次の①～⑤の傾聴方法を身につけて、「話し上手」ではなく「聴き上手」になりましょう。

①心をニュートラルにする

　思い込みや偏見をも持っていると、相手の話している内容を正しく理解できなくなります。聴く前に、自分の心のリセットボタンを押して受け皿を空にしたイメージを持ってください。「この人の言うことはいつも大げさだから」「以前にも同じことを言って間違いだったから」「この人の話なら間違いはないだろう」などの先入観や、相手の表情や態度から受ける印象で誤認しないために、「事実」を意識しながら聴きましょう。

②「聴いてますよ」サインを送る

　相手の話を聴くときには、相づちで「聴いてますよ」のサインを送ることを習慣にしておきましょう。

相づちの種類	例
共感の相づち①（プラスの情報へ）	さすが、すごい、よかった、本当だね、たしかに
共感の相づち②（マイナスの情報へ）	大変だね、つらいね、きついね
ニュートラルな相づち	なるほど、へぇ、ほぉ、そうですか
話を促す相づち	それで、それから、そういえば、

③アクティブリスニングで相手の話を促す

　相づちだけでなく、積極的に聴いている姿勢を示すことによって、さらに相手に話を促すことができます。

アイコンタクト	相手の目を見て聴く
ペーシング	相手の話や動きに合わせたスピードで話し、相手と同様の姿勢をとる
リピート	相手の言葉をオウム返しする(重要なこと、ポイントとなること)
言い換え	相手の言葉を言い換えることで、内容を確認する(「つまり…なんですね」「要するに…ということですね」等)
質問	相手の話に対し、質問をすることで話題を深掘したり、情報の収集をする

なお、話の腰を折ってしまう次の言葉には注意しましょう。

「ところで」	これまでの話が全否定される感じになる
「話は変わるけど」	相手の話を全否定した感じ、話の腰を折る感じがする
「いずれにしても」	これまでしてきた話はどうでもいいという感じになる

(※相手の話が長くなるのを押さえたり、マズい話になるのを防ぐには有効)

④最後まで聴く

　受け入れることは「相手に同意する」「相手に同感する」ことではありませんので、相手の話をさえぎって発言したくなることがあります。しかし、上司としては、必ず相手の話が終わるまで待ちましょう。評価(正誤、善悪などの判断)は、話を最後まで聴いてから言葉にします。

⑤相手の感情に共感する

　相手の言葉の背景にある想いをくみ取るようにします。分かろうとしてくれる人の前では素直に話すことができるものです。

(2)適切な質問をする

　相手の話の内容を正しく把握するために、Point(ポイント・結論)、Reason(理由)、Example(事例・具体例)、Point(ポイント・結論)の順で話を組み立てて相手に質問しましょう(PREP法)。自分だけでなく相手自身も話(伝えたいこと)を整理することができます。

PREP法	質問例	相手の回答例
P ポイント	「一番伝えたいことは何?」 「結論は?」「何をすればいい?」	「○○です」
R 理由	「どうしてなの?」 「なぜそう思うの?」	「○○だからです」 「なぜなら○○です」
E 具体例	「たとえば…?」 「具体的には…?」	「たとえば○○です」 「具体的には○○です」
P ポイント	「要するに○○ということ?」	「はい、そうなんです」 「そうです、○○ということです」

　なお、前述の（1）④の通り、初めのポイント（P）を聞いた時点で、「そんなことはない」「それ違うんじゃないの」と否定したり、理由（R）も聞き終わらないうちに否定しては、相手は聞いてもらえた気がしません。相手の言い分に反論がある場合でも、最後のポイントまで聞いて（相手がまとめを言って）から話を切り返しましょう。

（3）ストレスをコントロールする

　あなたがどんなに受け入れようと思っていても、受け入れ難いことも起きます。様々なことを受容していくなかで、ストレスをため込みすぎて疲弊してしまわないように注意しましょう。

　対処力で紹介したストレス対処法（74頁）を参考にして、適度な運動や規則的な食事、深い呼吸によって感情をコントロールするようにしましょう。

（受容力）まとめてチェック

- [ ] 状況を受け入れる
- [ ] 価値観の違いを受け入れる
- [ ] 体調や態度の変化を受けとめる
- [ ] 傾聴スキルを磨く
- [ ] 適切な質問をする
- [ ] ストレスをコントロールする

3 伝達力

　管理職としてスムーズに組織を運営していくためには、自分の意図を的確に理解してもらえるようにする伝える力が欠かせません。この能力はコミュニケーション能力とも言い換えられます。

　そこで、伝達の目的を次の3つ、①情報を伝える（指揮・指導・報告等）②伝えることで相手を動かす（プレゼンテーション）③お互いに気持ちを伝え合う（共感・信頼構築）に分けて、伝達力を強化していきます。

1. 伝える前のチェック項目

　あなたは、思いついたことを唐突に言葉にしていませんか。伝え方次第で相手の受け取り方は変わります。言葉にする前に次の4項目（①〜④）を整理しましょう。

チェック項目	内容
①伝える目的	●相手に求めている具体的な内容(3つ以内) ●相手に求めている理由(3つ以上)
②相手の状態	●相手がどんな状態か(聞く姿勢になっているか) ●相手の立場や理解度のレベル
③伝える側の状態	●伝え手(あなた)の状況はどうか ●相手からの信頼度はどのくらいか
④伝える場	●伝えやすい場所か ●伝える手段は適切か

①言いたいことではなく、どうしたいかを考える（伝える目的）

　優先すべきは、「自分の言いたいこと」ではなく、伝えることで「どんな状況にするか」です。そこでまず、相手に望むことが、次の❶〜❺のどれに当てはまるのかをはっきりさせましょう。

②伝える相手の立場にたって考える（相手の状態）

　前述の受容力を参考にして、部下の価値観を念頭に置きながら、相手の興味や関心、状況にそって言葉を選びましょう。

③伝える側の信頼度を上げておく（あなたの状態）

　あなたがどのような状態にあるかでも伝わり方は変わりますが、あなたへの信頼が厚ければ、少々状態が荒れていても「あの人の言うことなら」と真意を分かってもらえます。そのためにも日ごろの言動で信頼度を上げておきましょう。

④伝える場と伝達手段を選択する（伝える場）

　どんな内容を、いつ、どこで、どのように伝えるかを適切に選びます。
　たとえば、事務的な連絡はメールで伝えるのが確実ですが、情緒的な内容は誤解を招く恐れがありますので、メールは避けます。込み入った話は多少手間でも、直接会って話すと表情や仕草からニュアンスを伝えることができ、電話以上に効果があります。なお、電話は相手の時間を不用意に奪いますので、頻度に注意しましょう。

2. 情報を伝える（指揮・指導・報告等）

　情報を確実に伝えたいときには、筋道立てて、できるだけ簡潔に事実を言葉にします。所感を伝えるときには、事実と所感をはっきりと区別しておくことがポイントです。

（1）CRF（結論・理由・具体的事実）で論理立てる

　話の内容が的確に伝わると仕事の効率が上がります。仕事では、最初に「結論（Conclusion）」、次になぜその結論になるのかの「理由（Reason）」、そして、その理由を裏づける「具体的事実（Fact）」をセットにして伝えることを習慣にしましょう。

CRF	具体例
結論（Conclusion）	「新製品についての勉強会を開催しますので参加ください」
理由（Reason）	「新製品の販売開始が2ヵ月後に決定し、詳細が発表されました」
具体的事実（Fact）	「勉強会は、〇月〇日△時より、第1会議室で行います。新商品について詳しく説明します」

＜Ｃ：結論＞

　結論を最初に伝えることで相手の理解が早まります。

　結論が言えないという場合には、「（これからの話は）相談なのですが」「（この話で一番言いたいのは）お願いなのですが」と、話の目的（相手にしてもらいたいこと）を最初に明確にします。

＜Ｒ：理由とＦ：事実＞

　理由や裏づけとなる事実は、3つ程度用意しておくことで相手の理解と納得を得やすくなります。

　理由は、個人的な印象や感想ではなく事実に基づいたもの（数字や出典等を明示できる客観的な裏づけのあるもの）にします。理由は3つ挙げることを意識して、相手の理解のステップに合わせながら話すようにします。

（2）数字で示す

　指示を与えるときには、「そうとしか受け取れない」ように数字を用いて具体的な指示を出すようにして、作業のミスや時間のロスを防ぎます。

（ⅰ）形容詞・副詞を数字にする

　個人的な感覚になりがちな「かなり」「ほぼ」「大幅に」「だいたい」とい

うあいまいな表現は数字に直して表現することで、誰にでも同じ内容を伝えることができます。

（ⅱ）ゴールと目標を数字にする

業績の向上のためには、目標をチームで共有する必要があります。

チームとしての業績目標や部下各々の目標は、全員が共通認識できるように数字で表します。

具体的には、ゴールを KGI（重要目標達成指標）、そのゴールの途中の行動目標をKPI（重要業績評価指標）で数値化して管理していきます。

KGI (Key Goal Indicator) 重要目標達成指標	KPI (Key Performance Indicator) 重要業績評価指標
ゴールや目標に対する達成度合いを定量的に示す	中間プロセスにおいての実施状況を測定するため実行の度合いを定量的に示す
<例> ○今月の売上 1,000 万円達成	<例> ○新規顧客売上集客対前年比5％増 ○既存客リピート率5％増

（3）伝えすぎは逆効果（3つ以内の内容を用意する）

人が一度に受け取れる情報量には限りがあります。その量を超えると、相手は情報を把握できず、伝えれば伝えるほど理解されないということになります。米国の心理学者ジョージ・ミラー（George Miller）の研究では、短期記憶として人が一度に受け取れる情報は、7±2としています。この7±2というのは、集中して覚えた場合の平均値ですので、口頭で確実に伝えたい場合には、その半分程度の3つ以内に絞りましょう。

たくさんの情報を一度に伝えなければならない場合には、書面やメールを併用しましょう。

3. 相手を動かす（プレゼンテーション）

プレゼンテーション（プレゼン）とは、相手に行動変容を促すことを意識したコミュニケーションです。日常業務の報告・連絡・相談等においても、必要な能力です。

(1)伝える内容を組み立てる

相手にとっての行動変容メリットを考慮しながら、伝える内容をSDS法（三部構成）で論理立てます。

(i) 相手のWANTSとNEEDSを明確にする

まずは、相手を調査して、相手にとってのメリットを探ります。

＜実践＞

相手の特徴(相手とは)	
相手が欲しがっているもの (WANTS)	
相手が必要としているもの (NEEDS)	

(ii) 自分が提供できるものを明確にする

自分と相手そして得意先や自社にとっての利点や利益は異なります。そこで、それぞれにとっての利点・利益を一言で説明できるように準備しておくとともに、それらを裏づけるエビデンス（証拠・データ）を用意しておきます。

＜例＞

	その提案の利点や優位性	その提案がもたらす具体的な利益
自分(相手)に とって	得になる、節約できる	業績が上がる、評価が高まる、手間や時間が減る、満足できる、不安がなくなる
自社(得意先)に とって	得になる(売上拡大・新規の獲得・市場拡大)	売上拡大、市場拡大、新規顧客の獲得、企業価値の向上

(ⅲ) SDS法で組み立てる

上記（ⅰ）（ⅱ）を踏まえ、Summary（序論・話の概要）、Details（本論・詳細情報）、Summary（結論・話のまとめ）の三部構成で話を組み立てます。

話全体の時間配分の目安として、最初の約2割（序論）を聞けば、話の概要が分かるようにし、最後の約1割（結論）で相手の印象に残るように結論を伝えて、行動変容を促しましょう。

Summary （序論） 20%	● プレゼンの背景や目的を明確にする ● テーマを伝え、結論にふれる ● 話の展開順序（概要、構成など）を伝えておく **ポイント** 聞き手の興味を引く
Details （本論） 70%	● 結論の裏づけとなる詳細情報をMECEに整理して伝え理解を得る ● 客観的なデータを用いて根拠を裏付けし納得を得る ● 相手の立場にたった具体例やストーリー性のある経験談やたとえ話の事例を挙げることで共感を得る **ポイント** 相手のWANTSやNEEDSを理解した上で、相手にとってのメリットを伝える
Summary （結論） 10%	● 全体のまとめ（重要ポイントの要約）を伝える ● 結論を再度はっきりと述べる **ポイント** 印象に残るクロージングで相手の行動変容を促す

(ⅳ) つなぎ言葉を使う

話が長くなった場合に聞き手を‘迷子’にしないように、話が変わる際には必ず「つなぎ言葉」を使って話の展開方向を示し、メリハリをつけます。

<つなぎ言葉の例>

話が変わるとき	次に、そして、しかし、さて
根拠を示す前に	なぜならば、たとえば
比較するとき	一方、その反面
結論の前に	要するに、したがって、だから

(2) 非言語を意識する

　伝える際には、その言葉にした内容も大事ですが、それ以上に、言葉にしていない「非言語」の部分が相手に大きな影響を与えています。非言語部分の印象を意識して表現するようにしましょう。

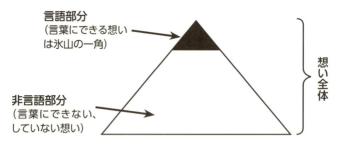

非言語部分の「3V」のマネジメント		チェック欄
Visual ヴィジュアル （見た目）	服装や身だしなみ	☐
	顔の表情	☐
	姿勢	☐
	動き方	☐
	行動様式	☐
Vocal ヴォーカル （声の質）	声の大きさ	☐
	声の高低	☐
	声のスピード	☐
	口調	☐
	抑揚	☐
	沈黙	☐
Verbal バーバル （言語）	言葉づかい（丁寧語、尊敬語、謙譲語の使い分け）	☐
	言葉の選び方（女言葉、方言）	☐
	語彙（比喩など）	☐

4. 気持ちを伝え合う（共感・信頼構築）

お互いに気分良く仕事を進めるために、日ごろから挨拶や相手を思いやる言葉掛けを大事にしましょう。

人間関係を円滑にするための大前提は、①相手は自分と同じではない、②お互いを取り巻く状況は変わるということです。挨拶や感謝の言葉によって、相手の気持ちに寄り添うことから始めます。

（1）共感で信頼を築く

米国の脳神経学者のアンドリュー・ニューバーグ（Andrew Newberg）は、コミュニケーションとは、ニューラル・レゾナンス（神経共鳴）というプロセスを介して行われる「ひとつの脳から、もうひとつの脳への正確な情報伝達」であり、「他者の神経活動に共鳴すればするほど（＝共感するほど）、相手とのよりよい協力体制（＝信頼関係）の構築が可能になる」としています。まずは、相手を受け入れて、共感して、信頼関係を築きましょう。

この信頼を築く共感コミュニケーションのポイントは、30秒以内で簡潔に伝えることです。脳は長話が苦手なのです。30秒以内であれば、脳は話の内容を的確に把握できるので、共感につながります。感情的にあれこれと事情を長く話せば話すほど伝達の状況が悪化してしまうのです。

（2）相手も自分も尊重して伝える

仕事で責任を果たしていく以上、我慢せずに言わなければならない場面があります。その際には、相手の要求ばかりを配慮して、結論をぼやかしたり、自分を押し殺さないように注意が必要です。

次の例（①〜③）を参考にして、「相手の要求」に応えることと「自分の要求」との折り合いをつけた表現を身につけましょう。

＜例①：アサーティブな話し方 ＞

「私」を主語にして、素直な気持ちを述べます。

○：「私は〜について〜が最善だと思います。」

○：「私は〜を提案します。」

＜例②：「言い切る」＞

　　仕事では、簡潔な言葉で伝えることで誤解を防げます。あいまいな言い方や抽象的な表現をせずに、「言い切る形」にしましょう。

　　○：〜です。〜ます。

　　×：〜だと思います。〜みたいです。〜な気がします。

＜例③：最後に相手からひと言を促す＞

　　提案や発言の後に、一方的な伝え方になったと思った場合には、相手の意向を聞きます。

　　○：「どうでしょうか？」

　　○：「どう考えますか？」（相手に配慮の姿勢を示す）

5. 言いにくいことを伝えるヒント

　　伝達目的が何であれ、仕事を進めるためには言いにくいことほどスムーズに伝えなければなりません。以下の❶〜❻の「カド」を立てない伝え方を身につけておきましょう。

❶言いにくいことの前には、クッション言葉を使う

　　単刀直入に言うには憚られることは、相手への気づかいを示すクッション言葉を用いた後に言うことで、印象を和らげて伝えられます。

┌─ 代表的なクッション言葉 ────────────────┐

恐れ入りますが / お手数ですが / 恐縮でございますが /

申し訳ございませんが / できましたら / あいにくですが /

ご期待に添えず、大変心苦しいのですが

└──────────────────────────┘

＜例＞　相手の間違いを指摘するときのクッション言葉

「私の思い違いかもしれませんが…」

「私の確認モレだと思いますが…」

「申し上げにくいのですが、もしかしたら、…ではないですか？」

❷お願いは疑問形にして表現する

「〜してください」のように言い切ると、命令されているようなキツイ印象を与えかねません。言いにくい依頼や目上の方へのお願いの場合は疑問形にしましょう。

<例>

「〜してください。」

→ していただけますか？ / していただけませんでしょうか？

「〜をお願いします。」

→ お願いできますでしょうか？

❸相手の提案に'NO'と言う場合

どのような場合でも、「NO」という否定の反応を返されることは気分の良いものではありません。そこで、答えが「NO」の場合には、理由から話し始めることで相手に受け入れ態勢を整えてもらえるようにしましょう。

また、「提案してもらった」という事実に対するお礼や喜びを伝えた後に、「NO」ということで誠意を伝えても良いでしょう。

≪例≫

「来週の異業種交流会に一緒に行かない？」

×「行けません。その日用事があるんです。」

○「その日ですか…、大変申し訳ないのですが、前々からの予定がありまして、どうしても都合がつかないのです。」

○「ありがとうございます。誘っていただいてうれしいです！
　でもあいにく先約があって…。ほんとに残念です。ぜひまた誘ってください」

❹「NO」ではなく「YES＋代案（or 質問）」で答える

仕事は一度断ってしまうと、二度と仕事を回してもらえないことになりかねません。「NO」と言わずに代案を出すか、相手に選択してもらうことで、自分から断らないようにします。

＜例＞

「新商品の企画書作り手伝ってもらえない？」

    ×　「すいません、今、手いっぱいでできません。」

    ○　「はい、お手伝いします。今、部長に頼まれた急ぎの仕事を進めて
いますのでそれが終わってからでもよろしいでしょうか？
明日の午後には、取り掛かれると思います。」

❺言いにくい反論をする場合は、一旦意見を受けとめたことを表明してか
ら疑問形で反論する

≪例≫

「おっしゃっていることは分かります。では〜はどうでしょうか？」

「確かにその通りです。ただ、私は〜（という理由で）同意しかねるので
すが。」

❻言いにくい相手には、先に謝っておいてから指摘や依頼をする

≪例 ≫

「言い過ぎていたらごめんなさい。でもどうしても確認したいので…。」

「分かりきったことを言って申し訳ないのですが、お願いできますか。」

「忙しいところ悪いんだけど、…してもらえますか。」

「お気づきだとは思いますが、ここは〜ではないでしょうか。」

第3章

2章の応用

受容力

伝達力

指導力

調整力

交渉力

（ 伝達力 ） まとめてチェック ☑

- ☐ 話す前のチェック項目（相手・目的・理由）の確認
- ☐ CRF（結論・理由・具体例）で論理立てる
- ☐ 数字を用いて説明する
- ☐ 話す内容は3つ以内に絞る
- ☐ プレゼンは相手のメリットを主軸にSDS法で組み立てる
- ☐ 非言語のコミュニケーションも意識する
- ☐ 共感で信頼を築く
- ☐ 相手も自分も尊重して伝える
- ☐ 言いにくいことは伝え方を工夫する

4

指導力

　効率的なマネジメントのためには、部下の個性や能力にそった指導をしなければなりません。たとえば、「やる気」はあっても「やり方」が分かっていない部下を叱咤激励すると、やる気を喪失させてしまいます。個々人に合わせた指導法を身につけていきましょう。

1. 部下の個性(タイプ)を把握する

　部下を能力（SKILL）とやる気（WILL）の2軸のマトリックスから、大まかに4つ（A～D）のタイプに分けていきます。

＜実践：部下をA～Dのタイプに分ける＞

WILL SKILL	やる気あり(○)	やる気なし(×)
スキル高い(○)	(A)信頼成長タイプ	(B)激励優先タイプ
スキル低い(×)	(C)指導第一タイプ	(D)お荷物タイプ

112

部下のタイプを分類した後、次の表を参考にして、タイプ別の指導方針を決めましょう。たとえば、能力（SKILL）不足には、知識と方法を教えることを優先し、やる気（WILL）不足の場合には、励ましやねぎらいの言葉をかけながらやる気を引き出すことを心掛けます。

○A～Dのタイプ別指導方法

タイプ	指導方法	ポイント
A やる気○ スキル○	**信頼して放任** ある程度の権限を与えながら仕事を任せる。ただし、任せっきりにはせず、いつでもフォローを入れられるように節目の報・連・相を必ずさせる	重要ポイントを短く簡潔に伝える
B やる気× スキル○	**傾聴と励まし** なぜやる気をなくしているのか、公私に分けて原因を探り、アドバイスする	何のためにその作業が必要かを丁寧に説明してから、指示する
C やる気○ スキル×	**指導重視** 具体的に細かく「するべきこと（知識）」と「やり方（方法）」を指導する	ミスを防ぐため、作業の流れを丁寧にかみ砕いて説明・指示する
D やる気× スキル×	**指導と命令** とにかく動いてもらうために、「会社の命令」「上司命令」で動かす。どうしても改善できない場合は配置転換、部署異動を上司に相談する	やるべき内容や期限を文章にして指示する

　やる気がないBとDのタイプについては、以下の表を参考にして、その原因を念頭に置いて指導方針を決めましょう。

	やる気をなくしている原因	対応・指導例
仕事上	●仕事でのミスを引きずっている ●頑張っているが成果が出ていない ●仕事が物足りない	●働く環境・人間関係を整備する ●やり方を確認する ●将来のビジョンを確認する
それ以外	●家庭内に心配事がある ●体調不良 ●家族や恋人間に心配事がある	※気配りと対応で、「やる気スイッチ」を探して押しましょう。

113

2. 部下の能力を高める

　タイプ（A〜D）を把握したら、次の3段階（**（1）**〜**（3）**）に分けて指導を始めます。「自分で考えさせることが大事」だからと、最初から「自分で考えて」という指導ではなく、作業の意味や流れを理解させましょう。

（1）知識を増やすティーチングスキル

　指導のスタートは知識を確実に覚えさせることです。覚えなければならない理由を教えてから、相手の理解度にそって教えていきます。

（ⅰ）動機づけ

　「なぜ」「何のため」という目的を教えます。「学ぶことで得られるメリット」と「知らないことで受けるデメリット」を教えることで、学ぶ姿勢にさせます。

（ⅱ）理解度の確認

　相手の理解のスピードに合わせて教えていきます。覚えたことを自分の言葉で説明させたり、実際に作業を行わせることで確認しましょう。あいまいにしか言えない・できない場合は、再度指導して、確実に覚えさせます。

　＜例：覚えさせるべき基本情報＞

商品知識	
商品の周辺情報	
商品の使用方法	
商品の説明方法	
得意先情報	

社内の庶務	書類の種類
	書類の申請順位
	書類の提出先

（2）技術を高めるトレーニングスキル

　知識を習得したら、スキルを身につけさせる実践をします。うまくできていれば褒めることで「正しくできている」ことを知らせます。できていない場合には繰り返し練習をさせます。できるようになるまで根気強くトレーニングさせましょう。

○技術トレーニングの流れ

❶自分がやってみせる
❷やった内容を説明する
❸相手に実践させる
❹フィードバックする（※後述する3参照）

（3）意識を高めるコーチングスキル

　一定の知識と技術の習得が進んだ後、モチベーションの維持と向上のためにやる気を促します。定期的に行う意識向上方法は、後述（**4**）します。

（ⅰ）次の3つ（①～③）を聞き出しましょう。

①問題点	この仕事で何が問題か
②問題発生の原因	どうしてその問題が起こったのか
③解決方法	どう対応するつもりなのか（※期限を確認する）

　この3つの質問に答えさせることで、問題解決のための行動を決める練習をします。決断力を育てましょう。

（ⅱ）決意した行動ができているのか、随時進捗状況を聞きましょう。

　進捗状況を確認して、進んでいない場合には再度3つの質問（①～③）をして行動できるようにサポートします。「何かあったらいつでも言ってね」「できることがあれば手伝うよ」と背中を押してあげることで、安心して行動できるようにしてあげましょう。

3. フィードバックで部下を成長させる

フィードバックは相手の成長のために行います。行為に対する結果を伝え、目標（目的）とのズレを示すことで改善を促します。

(1) 結果と過程について事実を伝える

客観的事実に基づいて、目標（目的）達成の過程が適切だったかを伝えます。

＜例：結果に対する理由の説明＞

○:「お客様へのレスポンスが1日遅れたね」
○:「規則から外れている」
○:「先ほどの電話対応の言葉づかいは適切だったよ」

(2)「私」を主語で述べる（アサーティブな話し方）

一般論ではなく、上司としての意見を伝えるために「私」を主語にします。「私」を主語にすることで、部下は相手に与える影響を自覚できます。

＜例：自分の意見を伝える＞

×:「良い企画にするために、お客様のニーズを探るのは常識だ」

○:「良い企画とは、お客様に満足してもらえる内容だ。お客様のニーズをさらに探った方が私はいいと思う」
○:「私は今日の結果に満足していない」

(3) 具体的な例を示す

良かった点や改善点は、具体例とともに説明します。

<例：具体的な理由の説明>

| ○:「会議でのあなたの発言は、タイムリーで論点整理につながって私は良かったと思う」 |
| ○:「その報告書では、事実とあなたの所感が混じっていたので現況が分かりにくかった。確認できた事実とあなたの所感は分けて記載した方がいいよ」 |

(4) 肯定形を使う

ストレートな表現で「～しよう」と肯定形で言います。つい、「××しないように」と否定形を使ってしまいがちですが、「～しよう」と肯定的にして伝えます。「××しないように」と言うときは「～しましょう」を付け加えます。

<例：肯定的な表現>

| ×:「ミスしないように」 |

| ○:「ミスしないように、再確認しよう」 |
| ○:「ミスしないように、丁寧に作業しましょう」 |

(5) 解決案の選択肢を示す

より柔軟な解決策を考えやすくするために、具体的な解決案を3～4個提示します。

<例：お客様のニーズを探るために>

| 「クライアントのニーズを探るには、前任担当の意見が参考になるよ」 |
| 「一週間後に再度面談の機会を設けてはどうかな」 |
| 「提出前には修正箇所を再度指差し確認するといいよ」 |

(6) 話の最後は肯定的な提示をする

次につながるように、励ましのポジティブな声掛けで締めくくります。

<例：締めくくりの励ましの言葉>

○：「次に期待してるよ」
○：「もっと良くなると思うから頑張って」

4. 部下の意識（モチベーション）を維持させる

　部下の個性を把握して指導したとしても、それで終わりではなく、上司としてその後も部下の仕事を見守り成長させ続けなければなりません。そこで、週1回、月2回など話し合いの機会を設定して、次の①～④の質問をしましょう。部下の仕事の進捗状況や成長度合いを確かめます。

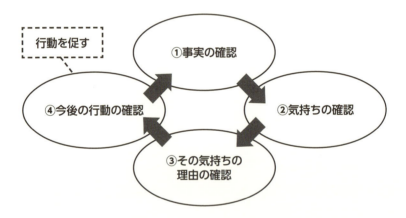

質問すること	聞き出すこと
①事実の確認	何が起こったのか
②気持ちの確認	どんな気持ち・感情か
③その気持ちの理由の確認	なぜそう思ったのか、何が影響しているのか
④今後の行動の確認	その気持ちに対して、今後どうしていくのか、どうしたいのか（※実際に行動に移せるレベルの具体策）

＜例：打合せ失敗への今後の取り組み方の指導＞

上司	部下
①昨日の打合せどうだった?	「全く取り合ってもらえませんでした」
②それは大変だったね。その時どう思った?	「苦労して資料用意したのに残念でした」
③残念だったんだね。どうして残念に思ったの?	「話の導入がよくなかったのと、資料がお客様のニーズに合ってなかったんです」
それで、どうしておけばよかったの?	「やはり事前に先輩にもっと確認しておけばよかったです」
④今後、どうしていこうと思うの?	「〇〇先輩に前回のことを聞いて、お客様のニーズに合わせて資料を作って提案し直します」

5.部下の成功と失敗への対応

　部下を育てるためには「褒める」ことと「叱る」ことを、自信を持って行う必要があります。褒める目的は良い行動を習慣化するため、叱る目的は適切な行動に修正するため、とシンプルに考えることで、的確な指導ができるでしょう。

　褒める際には、人柄や信念・想いも褒めると効果的ですが、叱るときには修正させるべき「行動」だけに焦点を当て、端的な言葉で叱るようにすることで叱る側が感情的になるのを防げます。

褒め方のポイント	叱り方のポイント
☐ 人前で褒める	☐ 人前で叱らない（個室に呼び出す）
☐ 結果とともに、そのための行動（人柄）を褒める	☐ 行動を叱る（人格にはふれない）
☐ 具体的に細かく褒める（褒めた理由を伝える）	☐ 相手の事情も詳しく聞く
☐ 結果だけでなく過程も褒める	☐ 自分の価値観（何を大切に思っているのか）を明らかにし、一貫性を示す
☐ 自信をつけさせる（次につなげる）	☐ その行動の何が間違いかを説明する（どのように変えるかを具体的に示す）
☐ タイミングよく褒める	☐ 気づいたらすぐ叱る
☐ 心を込めて褒める	☐ 冷静に叱る
☐ にこやかな表情で褒める	☐ 本気で叱る
☐ 会社に貢献したことを伝える	☐ 短く叱る（くどくど言わない、昔のことを蒸し返さない）
☐ 「大したものだ」と少し大げさに褒める	☐ 日ごろから相談を受ける関係をつくっておく

（指導力）まとめてチェック ☑

☐ 部下のタイプを把握する
☐ タイプに合わせて指導する
☐ 知識を身につけさせる
☐ 技術を習得させる
☐ モチベーションを高める
☐ フィードバックする
☐ 上手に褒めて、上手に叱る

5 調整力

　管理職として組織をまとめていくには、周囲の意向を尊重して、互いに協力し合えるように調整しなければなりません。働きやすい職場環境は組織全体の目標達成につながります。作業効率アップのために、伝達力（コミュニケーション力）を用いて、仕事内容、労働時間、職場の人間関係を整えていきましょう。

1. 仕事内容(量と質)を調整する

　他者の個性を受容力によって把握した後、業務に合わせて各個性を発揮できるようにしていきます。

(1) PDCAで業務を遂行

　まずは仕事が円滑に進んでいるかを把握します。PDCAサイクル（❶～❹）を用いて現状を把握し、業務の問題点を見つけ出して改善していきます。

　計画（Plan）を明確にしておくことで、実行（Do）後に十分な検証（Check）ができ、問題点が浮き彫りになることで、改善（Action）策につなげることができます。

PDCAは、1回で終えずに、何回も繰り返すこと、計画はチーム全体で共有しておくことがポイントです。また、PDCAを意識するだけでも、同じミスを防ぎ、仕事の質と効率を上げることができます。

（2）職場内のサポート体制の確立

PDCAによって部下の仕事量と所要時間を把握して、業務が特定の人に偏らない仕組みをつくります。PDCAによって浮き彫りになった問題点は、個人の問題だけでなく、業務全体の問題だとチームに示して部下の意識を調整していきましょう。

（3）クロスSWOT分析で適材適所

仕事の効率を高めるために、業務の特色と部下の性格（長所と短所）をマッチさせましょう。クロスSWOT分析によって、各部下の長所を生かす場所や場面、短所をカバーする方法を見つけ出します。

<例：物怖じしないAさん>

		外部要因（職場・業務）	
		機会 ●柔軟な組織体制 ●新しいことや自由な提案ができる ●女性社員が増えてきている	**脅威** ●1人当たりの仕事量が多い ●成果が求められる
内部要因（Aさんの性格）	**強み** ●責任感が強い ●のみ込みが早い ●面倒見が良い ●発想が豊か	**(A)強み×機会** チャンスで強みを活かすには ●責任感と発想力を活かして新企画に挑戦させる ●面倒見の良さを活かして新入社員の世話を任せる	**(B)強み×脅威** 強みで脅威を乗り越えるには ●のみ込みが早いので、新たな仕事をどんどん覚えさせる ●面倒見の良さと責任感で、他者の仕事をフォローしてもらう
	弱み ●早とちりしやすい ●落ち込みやすい ●打たれ弱い ●経験が浅い	**(C)弱み×機会** チャンスで弱みをカバーするには ●早とちりのミスで落ち込み成果を出せなくならないように、柔軟な組織体制を活かしてミス防止のための確認作業の仕組みをつくる ●経験が浅いので、先輩に適宜相談できる体制を整える	**(D)弱み×脅威** 脅威と弱みに対処するには ●経験が浅く打たれ弱いので、仕事量に配慮してモチベーション維持となるように指導する ●成果をあせり仕事効率優先とならないように、ストレス対策をしながら作業を任せる

2．労働時間を調整する

　限られた時間の中で成果を出すために、優先順位を付けて計画を立てるとともに、その計画表は部署（チーム）内のだれでも、いつでも見ることができるようにしておきます。

（1）部下の時間管理

①仕事の期限を設定する

　仕事を指示するときは、必ず期限を明確にして渡しましょう。「なるべく早く」「できるだけ早く」ではなく、「明日の朝まで」「〇時〇分までに」と指示したり、「いつまでにできるのか」と提出日を確認して、作業進行が滞るのを防ぎましょう。

②定期的なミーティングでスケジュール合わせをする

　部下のだれかがいつも仕事に追われていないか、仕事の段取り・計画が効率的かを定期的（1回／週など）に確認します。計画表はチーム全員で共有しておき、進捗状況についてアドバイスし合えるようにしましょう。

（2）自己の時間管理

①余裕の時間を常に持つ

　部下の仕事の状況により、予定外の対応が必要になることがありますので、作業計画は余裕があるように調整しておきましょう。具体的には、計画力「（6）逆算で計画を立てる」（39頁）を参考にします（20％の時間が余るように計画を立てて時間に余裕をもたせます）。

　また、実際にかかった作業時間は正確に記録に残しておきましょう。

＜例：緊急対応できるように計画調整する＞

9:00〜12:00 ➡ 9:00〜11:30	30分短い予定を立てる（※30分の余裕を持つ）
13:00〜17:00 ➡ 13:00〜16:00	1時間短い予定を立てる（※1時間の余裕を持つ）

②短時間でできる作業をリストアップする

　仕事（作業）の合間にできた短い時間にできる作業をあらかじめメモし

ておきましょう。

5分でできること	10分でできること
☑ スケジュールの確認 ☑ 名刺の整理 ☑ 机の上の整頓 ☑ ファイルボックスの整理	☑ To Do リスト見直し・作成 ☑ 打ち合わせメモの整理 ☑ 交通費や経費の精算・準備 ☑ メールの確認・返信
10分〜30分でできること	
☑ 報告書作成　　　　☑ 日報や月報の作成 ☑ 企画書の資料の下調べ　☑ 出張準備	

＜実践＞

5分でできること	10分でできること
10分〜30分でできること	

③長時間労働をやめる

　管理職の長時間残業は部下に圧力となり、つられて部下も長時間残業になりがちです。率先して仕事を時間内に切り上げましょう。効率的な時間の使い方をして、部下のお手本になりましょう。

3. 人間関係を整える
（1）協調的な対処を目指す

　人間関係を調整する際には、次の3つのことを前提にします。

124

- ❶ どの人も「かけがえのない大切な人である」
- ❷ まず相手の話を最後まで聞く
- ❸ 意見の衝突や対立を恐れない

　意見の衝突や対立を上手く乗り越えることができれば、「率直に意見を言える場がつくれる」「人間関係を深めることができる」「新しい気づきやアイディアを得ることができる」という3つの大きなメリットがあります。意見の対立や衝突は、組織を活性化するチャンスととらえましょう。

　具体的には、米国の心理学者のトーマス（Kenneth W.Thomas）とキルマン（Ralph H. Kilmann）が分類した、「競争的」「回避的」「協調的」「受容的」「妥協的」という人が対立したときにとる5つの態度を理解して、他者との関係を調整していきます（コンフリクト・マネジメント）。

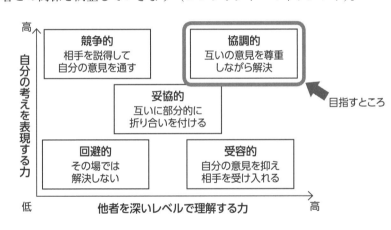

　組織内のチームの意見の衝突や対立では、「協調的」対処を目指します。課題に対する互いの考えを話し合う機会を持たせることで、お互いの理解を促し、尊重できるようにしていきます。

　協調的態度以外の人に対しては、以下を参考にしながら協調的な解決につなげていきましょう。

□競争的態度の人に対して
　→相手の考えを聞くことで、信頼関係が生まれて、新たなアイディアやより良い結果を生むことを示唆して、相手を理解することを促す。

□受容的態度の人に対して

→自分の意見を伝えずに衝突を恐れて我慢することは終局的な解決とはならず、その場しのぎとなることを伝え、信頼関係構築のためにもできるだけ自己の考えを伝えることを促す。

□妥協的態度の人に対して

→そこそこで妥協することからは、新たな発想や生産的な解決策は生まれてこないことを伝え、より良い解決策はないかをじっくり話し合うことを促す。

□回避的態度の人に対して

→いつも対立から逃げていては、信頼関係や新たなアイディアなど何も生まれないことを伝えて、まずは、相手の意見を聞くこと、それから自己の意見を相手に伝えることを促す。

（2）上司と部下との関係を調整する

　上司は部下に対して「それくらい言わなくても分かるだろう」と思い、部下は上司に対して「ちゃんと言って（説明して）もらわないと分からない」と互いに思うことが多いものです。その間に入って、上司の説明不足を補い、部下には上司の思いを代弁することで、両者の人間関係を円滑に保てるようにしましょう。

　具体的には、以下の表にそって、上司のタイプ別に（感覚別タイプと性格別タイプ）調整するよう部下に指示します。

　自分が部下の考えに近い場合には、部下に上司のタイプを示唆して、上司のタイプに合わせて言動を調整させるのもよいでしょう。

○感覚別タイプ分け

タイプ	特徴	調整ポイント
視覚派	目で見て、直感で理解する	●説明にはグラフや図を用いて、イメージで伝える
聴覚派	話を聞くことで理解したい	●メールではなく、直接または電話で話して伝える ●資料は読まない傾向にあるので、要点は口頭で説明する
理論派	じっくり考えて（文章にして）理解する	●話だけでなく、文章にして丁寧に説明する

○性格別タイプ分け

タイプ	特徴	調整ポイント
断言派	結論重視・事実ベース	●結論から簡潔に伝える ●反論に備えておく ●長々と話さない／私的な話は避ける ●時間を無駄にしない
分析派	根拠とロジックを重視	●データを重視した話を中心にする ●整理された形の資料を用意しておく ●メリット・デメリットの両面を伝える ●取り留めもなく話さない
熱血派	意欲と熱意を重視	●目標達成の意欲を示して話す ●独断的に話さない ●詳細な情報は伝えない／簡潔に要点のみを伝える ●関係づくりを丁寧に行う
親和派	関係性と和を重視	●共通の関心事から話す ●リスクを避けて安心してもらう ●結論を急がない／経緯を丁寧に話す ●唐突な行動と思われないように説明してから始める

(3)部下同士の関係を調整する

部下同士の仲が良い場合は、仕事中にムダ話が多すぎて他の人に迷惑になっていないか、気を配りましょう。職場は馴合いの場ではありません。

仲が悪い場合は、以下のような対応が必要になります。

❶ 不仲の原因を探る。

互いの言い分をしっかり傾聴します。些細な誤解や思い違いがないか、事実を聞き取りましょう。

❷ 仕事の配分・分担を変えてみる。

仕事の内容が変わると人に対する意識も変わります。仕事の分担を換えて取り組み方の見直しを図りましょう。

❸ 話し合いの場をつくる。

対立を乗り越えることで理解が深まり、良好な関係になることを目指します。堅苦しい場ではなく、おいしい食事や楽しい時間を一緒に過ごすことから始めましょう。その場にいる人に心を開きやすくなったり、好印象に結びつきやすくなります。これは「ランチョンテクニック」として、米国の心理学者グレゴリー・ラズラン（Gregory Razran）が研究結果から明らかにしています。お菓子の差し入れも効果的です。

❹ 部署異動を検討する。

人の相性は理屈ではありません。もし、どうしても相性が悪く、周りのモチベーションを下げるのであれば部署異動を上司に勧めることも視野に入れて考えておきましょう。

4. 会議を調整する

　会議では、チーム内や部署間の意見を調整します。生産性の高い会議（時間内に行動に結びつく結論を出し、会議終了時点に参加者全員が次にすべき行動を理解している状態）にするために、会議のファシリテーターか、それとも参加者かで調整の仕方は異なります。

（1）会議のファシリテーターとして

　次の4つ（時間・目的・場・流れ）を管理していきます。

（ⅰ）時間の管理

　まず冒頭の5分間で、会議の終了時刻、会議の目的、議題となっている問題の背景を伝え、それから具体的な議論を始めていきます。また、あらかじめ終了時間から逆算して、発言の持ち時間を1人1分以内等と決めてアナウンスしておきましょう（グランドルール）。

（ⅱ）目的の管理

　効率的な会議にするために、何のための会議なのかを明確にしておきます。目的は主に次の4つ（❶共有、❷調整、❸決定、❹創造）に当てはまります。すべての参加者に伝えておきましょう。

○会議の目的の管理

❶	何を共有するのか
❷	何と何をどう調整するのか
❸	何を決めるのか
❹	何のために何を創造したいのか

（ⅲ）場の管理

　参加者全員に対し公平に対応することで、参加者全員が安心して自己の意見を発言できるようにします。雰囲気の良い場所をつくってあげましょう。意見に対して、「誰が言ったか」ではなく「その根拠の信頼性と論理」

で判断すると、公平性を保つことができます。

(iv) 流れの管理

スムーズに会議を進めるために、会議のプロセス（進行・議決の仕方）を先に決めてから、コンテンツ（論点・議論する内容）について議論します。論点整理のポイントは以下の通りです。

○論点整理のポイント

事実	事実は何か
価値	大事なのは何か
行動	何をするのか

なお、意見が出ない場合は、近くに座っている2〜4人で、3分間の話し合いの時間をとり、その後「どんな意見が出ましたか」と聞きましょう。話し合った意見なでの、発表しやすい雰囲気をつくり出すことができます。

(2)会議の参加者として
(i) 意見は根拠を明示する

意見は、まず結論から伝えてその後に根拠を明確に示しましょう（前述のPREP法（98頁）が役に立ちます）。

＜例＞

「〜なので〜するべきだと思います。」
「〜の方が効果的だと考えます(P)。その理由は〜(R)、具体的には〜(E)、なので〜です(P)。」

(ii) 事柄と人柄を分けて考える

会議での対応は、相手の感情に思わず反応して、感情をそのまま返さないように冷静な対応を心掛けます。人柄でなはく、事柄（意見の内容）を議論しましょう。

129

（ 調整力） まとめてチェック ☑

○整えるべき項目

☐ 仕事（質と量）を調整する

☐ 労働時間を調整する

☐ 職場の人間関係を調整する

☐ 会議を調整する

○具体的な方法

☐ 業務遂行のためのPDCA

☐ 適材適所のためのクロスSWOT分析

☐ 部下の時間管理

☐ 自分の時間管理

☐ 5つの対応モードで対人関係を調整する

☐ 上司を「感覚別」「性格別」にタイプ分けする

☐ 部下同士の関係を整える

☐ 会議では「目的」「場」「流れ」を整える

交渉力

　組織内における部署間や上司や取引先との協議や折衝などに問題が生じた場合、相手の立場を理解して管理職として適切に対処（交渉）しなければなりません。伝達力・調整力（コミュニケーション力）を活かして、問題を解決します。交渉力がある人とは、お願い上手な人でもあります。お願い上手になる方法を磨いていきましょう。

1. 交渉の流れ

　交渉は相手のNOをYESにかえる作業です。交渉の目的を意識しながら、交渉の準備から交渉後のフォローまでのポイントを押さえていきましょう。相手との間の利害関係のズレ・対立・衝突を乗り越えていきます。

(1) 交渉準備のポイント

　交渉の成果は、念入りな準備で決まります。次の❶～❺に従って、事前準備をしっかり行いましょう。

❶	状況を把握する	●情報とデータを集める ●交渉への期待と意欲度を認識する
❷	交渉ポイントの洗い出し	●利害の対立点を明確にする ●解決案を複数用意する
❸	着地点を探る	●交渉内容のうち妥協できる範囲、特に最低限の妥協点を明確にする
❹	交渉の流れを考える	●複数の解決案ごとに、シミュレーションを行う
❺	不調時の対策をする	●代替案、妥協案を用意する

❶状況を把握する
○交渉相手をリサーチする
　自分との共通点と相違点から、相手への理解を深めます。

組織内の場合 （個人）	●考え、期待、姿勢等 ●興味の対象 ●知識レベル、教育のレベル ●年齢、性別、役職、家族構成、趣味嗜好
組織外の場合 （団体）	●組織の理念、特徴、構成、主張、共通するもの 　（慣習、基準、規則、価値観等）

○全体の利害関係をつかむ

　問題点や制約条件（人・モノ・金）をすべて図表に書き出すことで、交渉の全体像を把握します。

❷交渉ポイントを洗い出す

　利害の対立点（交渉ポイント）を明確にします。対立の背景を、構造的・客観的に根拠として数字、データ等にまとめて、解決案を策定します。

❸着地点を探る

　交渉として譲れる限度を明確にしておきます。譲れないポイントを紙に書いて交渉に臨みましょう。目的を見失わずにすみます。

❹交渉の流れを考える

　着地点（結論）にたどり着くまでの道のり（交渉過程）を複数考えて、それぞれの会話（交渉）のシミュレーションをしておくことで、スムーズな交渉を目指します。

❺不調時の対策（BATNA）をする

　合意が成立しなかった場合の代替案（BATNA = Best Alternative To a Negotiated Agreement）を用意しておきます。

たとえば、A社案との交渉決裂に備えて、B社案も検討しておきます。このような代替案を持って交渉に臨むことで、意にそわない条件での交渉を決裂させる「強さ」を持つことができます。

（2）交渉時の対応

❶交渉の土台づくりをする（関係形成）

　近況等の雑談やアイスブレイクをしてから本題に入っていきましょう。人はあまり知らない人には冷淡な行動をとりがちで、時に攻撃的、批判的になることもありますので相手に親しみを与える雑談から始めましょう。

【語句説明】
アイスブレイク
……周囲の人や状況と自分の間に冷たい氷の壁があるように感じる際、緊張をほぐし、心をやわらかくして和やかな雰囲気づくりをすること。

❷互いの利害を把握する

　お互いの主張と根拠を聞き取ります。自分の要求を整理して、要求ごとにその根拠（数字、データ、事例等）とともに伝えましょう。その上で、相手の意向をよく聞き理解し、相手の要求を整理します（伝達力を応用）。

❸利益の交換をする

　なかなか折り合いがつかない場合には、交渉回数を重ねましょう。多少時間をかけてでも、お互いが満足できるところを探していきます。ただし、「理解すること」と「譲歩すること」を混同しないようにしましょう。納得できない場合には、公正なルールや基準を示して、自己の論理を説明します。

❹条件付き解決案を探る

　結論を出す前に、あらゆる可能性や選択肢を考えます。交渉準備で検討した着地点（妥協範囲）を見直して、全体ではなくとも、部分的に合意できることはないかを検討しましょう。

❺対立点を相手の視点から考える

同じ事実を見ていても、視点が異なると見え方も異なります。「君の立場にたてば君が正しい」(ボブ・ディラン) なのです。合意のチャンスを逃さないためにも、相手の視点に立った提案をしてゴールに向いましょう。

❻合意を目指す

交渉では、最良の意思決定をし、利益を最大化することが理想ですが、思い通りに進むことはまれです。問題解決のために、最低限度でも「合意」に到達することを目指します。

(3)交渉後のフォロー

相手に合意に基づく自発的な行動を促し、合意内容 (行動内容) の確認を行います。交渉後のフォローまでが、交渉の過程となります。

2. 交渉を有利に進めるためのポイント

交渉では人の心理が大きく作用します。交渉を有利に進めるためには、気持ちに余裕を持つこと、またはたとえ余裕がなくても余裕があるような態度で挑むことが大事です。

相手からの心理的プレッシャーは交渉戦術の1つですので、以下のように冷静な対応をとりましょう。

(1)合意できそうな部分から話し始める

最初から深刻な対立点を持ち出すと否定的な印象を与えてしまいますので、初めにYESを引き出せる論点から交渉し始めましょう。肯定的な印象を与えプラスの効果が得られます。

なお、アイスブレイク (身近な話題) においても、YESを引き出しておくとよいでしょう。簡単な要求でYESを重ねることで、最終目標の合意を引き出しやすくなります。「一貫性の原理」が働いて、多少大きな要求でも受け入れてもらいやすくなるのです。

（2）最初のNOは気にしない

　最初のオファーに対しては誰もが警戒心が強くなります。また、すぐにYESと言っては軽々しく見られてしまうのではないかといった心理も働きますので、最初のNOは過度に気にしないようにしましょう。

（3）先に小さな譲歩をする

　一方的な要求に対してはNOと言いたくなります。そこで、相手が妥協しやすくなる（YESを引き出せる）ように、先に小さな譲歩をしておきます。なお、あえて最初に大きなお願いをしてNOと言われた後に、そのお願いよりも小さいお願いをすると、YESと言ってもらいやすくなるアンカリング効果（次項）もありますので、場合によって使い分けましょう。

（4）論理的に考える

　思わぬ交渉の展開によって動揺させられているときには、思い込みや経験則にとらわれてしまい、事実を見失って合理的でない判断をしてしまいます（認知バイアス）。心理的な圧迫を感じたときにこそ、事実を確認しながら論理的に考えましょう。

（5）感情を横に置く

　お世辞、プレゼントなどで迎合的関係を形成された相手には、必要以上に譲歩をしてしまいがちです。問題解決を望むのであれば感情にとらわれ過ぎないことに注意しましょう。

（6）質問する

　よくない交渉の流れを変えるために、少しでも疑問に思ったことがあれば質問します。相手の回答時間を使って、会話の流れを整理し、落ち着きを取り戻しましょう。相手の真意を確認できることもあります。

（7）時間に余裕を持つ

　交渉期限がせまってくると、慌てたり、焦ったり、感情的になったりしてしまいます。ハーバード大学のハワード・ライファ（Howard Raiffa）が

指摘するように、締め切りに追われるといい交渉はできないので、そんな時は交渉期限を延ばすための交渉をしましょう。

(8) サンクコスト (埋没費用) は排除する

交渉にかけた時間や労力にとらわれずに、将来の利益だけを考えて交渉しましょう。

【語句説明】
サンクコスト
……お金や労力など戻ってこない費用のこと。先に投資した費用が大きければ大きいほど、心理的効果が増幅される。

3. 知っておきたい心理テクニック

交渉中に陥りやすい心理効果や、承認誘導に注意して、相手に交渉の主導権を握られないようにします。

❶アンカリング効果

何かを判断する時に最初に見た数値や情報が印象に残り、それが基準点（アンカー）となりその後の判断が左右されることです。

　⇒対策　□判断を求められたら、即答を避け、その数値や情報についての根拠を求める

❷フレーミング効果

同一事実でも表現や状況の違いにより、心理的解釈が変わる効果のことです。

　⇒対策　□視点を変えて考える

❸二分法の罠

二者択一の質問によって、どちらか一方を選ばされることです。

　⇒対策　□YESかNOでしか答えられない質問にはすぐに答えない
　　　　　□思考停止になっていないか考えてみる

❹ブラフの罠

はったり、威嚇、こけおどし。威圧的な態度で、真実ではないことを断言することで心理操作することです。

⇒対策　□選択肢を複数用意しておく

　　　　□発言の根拠を質問して確かめて、あいまいなまま合意しない

❺承認誘導の６原理

返報性	恩義に感じる気持ちから、お返しの行動をしてしまう
一貫性	一度行動したり発言したことに合わせてその後の行動をしてしまう
社会的証明	自分に確信が持てないときや状況があいまいなときには、他人の意見や行動に基づいて行動してしまう
好　意	好意を感じる人の意見に従って行動してしまう
権　威	権威あるいは権威らしきもの（肩書、身なり等のシンボル）に短絡的に服従してしまう
希少性	手に入りにくいものに価値を感じてしまう

出典：「影響力の武器─なぜ人は動かされるのか」チャルディーニ著

┌ちょっとブレイク┐

無用の用を考えよう

　「無用の用」とは、「無用である、不必要だ、と思われていたものが実際は大きな役割を果たしている」という意（故事ことわざ辞典）で、「世の中には無駄なものはない」という古代中国の思想家である老子と荘子の教えです。

　働き方改革の中で、仕事の生産性を高めることが求められ、他者をマネジメントする際にも、とかく成果と効率ばかりを重視しがちです。しかし、その成果の陰にあるものや効率追求の際にそぎ落としたものが果たした役割にも思いを馳せておきましょう。多様性を尊重する社会（ダイバーシティ&インクルージョン推進）でイノベーション（新たな価値の創造）を起こすには、「無用の用」という視点が役立つでしょう。

　あなた自身においても、無駄だったと後悔することも、マクロ（巨視）的には有用なのです。

（ 交渉力 ） まとめてチェック ☑

- [ ] 交渉の準備（相手をリサーチし、関係性を見える化する）
- [ ] 利害の対立点を明確にする
- [ ] 複数の選択肢を考え、着地点を探る
- [ ] BATNAを用意する
- [ ] 関係形成をして交渉に入る
- [ ] 互いの利害を把握し、利益の交換をする
- [ ] 発想を広げて選択肢を考える
- [ ] 相手の視点で考える
- [ ] 交渉後のフォローをする
- [ ] 小さなYESを積み重ねていく
- [ ] 論理的に考え冷静に対応する
- [ ] 心と時間に余裕を持つ
- [ ] 心理テクニックを知って冷静に対応する

第 4 章

情報をマネジメントする

① 2章の応用
② 3章の応用
③ 整理力
④ 統合力
⑤ 活用力

　最後は、リスク管理をして、チャンスを逃さないために情報をマネジメントする力を磨いていきます。
　情報化社会の現代では、日常生活の中で必要最低限の情報を取捨選択しながら生活していますが、組織のかじ取りを任されている管理職は、社会情勢、業務に関連する市場の動き、さらには、社内の動向により一層敏感でなければなりません。
　この章では「情報のマネジメント」を、情報を整えて、それらに意味づけして、仕事や生活に活かすことと定義して、2章、3章の能力を応用しながら、『整理力』『統合力』『活用力』を強化することでマネジメント力を磨いていきます。

1 「自分をマネジメントする」力の応用

2章の7つの能力を、以下のように情報のマネジメントに応用していきます。

1. 計画力

ビジョンを描く
目標を明確にする
SMARTな計画を立てる
アクションプランを策定する
逆算して計画する
インセンティブを用意する
計画を見える化して実行する

― 応用のポイント ―

(1)『だとすれば』方式

目的や価値観を明確にした上で『だとすれば』方式(逆算して計画を立てる)で必要な情報を集めて活用しましょう。

<例>

(2) 計画のステップをあきらかにする

効率的な仕事のためには適宜必要な情報を集めなければなりません。仕事の進捗状況等の情報交換を計画的に行いましょう。

2. 分析力

解決すべき問題を明確にする
事実と感情を分ける
5W2Hで問題を具体化する
グルーピング、MECE、フレームワークを用いる
縦と横の関係性から把握する
因果関係から原因を見つける

――― 応用のポイント ―――――――――――――――――――――

（1）事実と感情の区別

　取り扱う情報は、事実確認して、感情で脚色しないことに注意します。

（2）5W2H

　5W2Hをおさえて情報を集めます。そして、目的に合わせたMECEの切り口でグルーピングして分析します。主語述語を明らかにした文章にまとめることで、自分だけでなく他者も理解できる情報にしておきます。

（3）フレームワーク

　3C分析やSWOT分析以外にも、以下のPEST分析、5つの力、7つのS等のフレームワークを用いて情報を分析します。

①PEST分析

　企業の外部環境を分析するための分析手法です。マクロな変動要因（政治（Politics）、経済（Economics）、社会（Society）、技術（Technology））の情報を集めて、それらが企業に与える影響を把握します。

②5 Forces

　「新規参入の脅威」、「代替品の脅威」、「買い手の交渉力」、「売り手の交渉力」、「業界競合他社」の5つの情報を集めて、企業の属する業界の今後を把握します。

③7S

　ハードの3つのS【戦略（Strategy）・組織（Structure）・システム（System）】とソフトの4つのS【価値観（Shared Value）・人材（Staff）・スキル（Skill）・スタイル（Style）】の情報を集めて分析し、組織をマネジメントしていきます。

3. 発想力

ポジティブに考える
ポジティブとネガティブのバランスをとる
理想の「役」になって考える
マンダラチャート、マインドマップ、SCAMPER、ECRSを用いる
他者の意見を聴く
ひらめきを提案に変える

── 応用のポイント ────────────────────

（1）発想を広げる

　様々な切り口で情報を集めるようにします。

（2）発想の転換

　マインドマップやスキャンパー（SCAMPER）を活用して情報を集めます。

（3）ECRS（排除、統合、置き換え、簡素化）

　情報の無駄やムラをなくして、取り扱いやすくします。

　あらゆるジャンルの情報に触れることは、良い情報に出会うために必要なことです。しかし、自分に届く情報を無防備に浴びていると、気づかないうちに情報の過剰摂取による心理的な疲労を起こすことがあります。特に、忙しく仕事や家庭のことに追われている時や体調等のコンディションがイマイチの時には、情報のデトックス（＝体の中から体に必要のないも

のを取り除くこと）をして快適な状態を取り戻しましょう。

＜例＞　SNSからの情報のECRS

E	C	R	S
やめる	統合する	置き替える	簡素化する
SNSをやめる。SNSに触れる時間を減らす	SNSの時間を決める。反応はまとめて返す	繋がる手段を変える。アカウントを変える。SNSの時間を他のことに使う	返信や反応をしないことを宣言しておく

4. 決断力

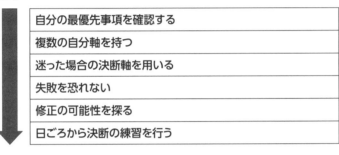

- 応用のポイント

(1) 自分軸の明確化

情報が多すぎると動けなくなってしまいます。自分（会社）の選択基準を明確にして、情報を取捨選択しましょう。

(2) 決断のための情報管理

集めた情報を分析したら、決断の根拠とした情報を周囲に公表して情報をコントロールします。決断の根拠情報として、組織の価値観や組織が持つ資源（費用・時間・労力等）の情報は前提として説明できるように把握しておきます。

5. 挑戦力

はじめの一歩を踏み出す
今までのバランスを見直す
「できる」イメージを描く
小さな挑戦から始める
他人の物差しを捨てる
インポスター症候群から脱出する
挑戦しない機会損失を考える
GROWモデルでセルフコーチングする

― 応用のポイント ―

(1)情報をつかみにいく

　はじめの一歩を踏み出して挑戦することで、新たな情報を手に入れましょう。新たな情報は、新しい発想や行動につながります。小さな挑戦によって自ら積極的に情報をつかみにいくことで、セレンディピティ（予想外の幸運）にも恵まれるでしょう。

(2)偏った情報にしない

　新しいことに挑戦することで、マンネリな情報を回避できます。何も新しい経験（挑戦）をせず、いつも同じ方法や場所、人からの情報では情報が偏ってしまいます。「挑戦しない機会損失」を考え、視野を広げましょう。

(3)情報を精査する

　正確な情報にするためには、他人の物差しを捨てて、自分の今までの価値観を見直しましょう。新たな経験に基づく情報を加えることで情報が磨かれます。

6．対処力

リスクや危機を予測する
「回避」「転嫁」「軽減」「受容」で対処する
日常からリスク管理意識を持つ
ルーティンワーク、マニュアル、自己の言動を見直す
人間関係は「リセット法」でトラブル対処する

── 応用のポイント ──────────────────────

（1）小さな異常を知らせる'ヒヤリ・ハッと'の情報

　米国のハインリッヒ（Herbert Heinrich）は、労働災害の発生確率を分析した結果、1つの深刻な事故が起こる前には、29の軽微な事故が起こっていて、その背景には300の「ヒヤリ」としたり「ハッと」した出来事が存在していることが分かりました（「ハインリッヒの法則」「1：29：300の法則」）。

　リスクや危機を予測して、予防するために、身近な「ヒヤリ」「ハッと」する情報を見逃さないようにして、管理しましょう。

（2）　回避・転嫁・軽減・受容を使い分け

　情報をコントロールするために、回避・転嫁・軽減・受容を使い分けます。

＜例＞
　回避：自分のプレシャーになるだけの情報は避ける
　転嫁：部下の情報は自分だけで抱えずに上司に必ず伝える
　軽減：情報源を厳選することで不正確な情報を入れない
　受容：入ってくる情報は一旦受け入れてから対処する

7. 感謝力

「正直」「親切」「愉快」な日々を送る
「当たり前」に感謝する
感謝の力でツキや運を呼ぶ
感謝を行動に移す
心からの感謝を表現する

── 応用のポイント ─────────────────

(1) 運を味方にする

　必要な情報は「人」が運んでくれるものです。感謝力を発揮して情報の'運び'を良くしておきましょう。

(2) 心からの感謝

　感謝する気持ちを大事にすることで、心理的な安全性を高めて上司や部下、同僚との報告・連絡・相談の経路を整備しましょう。

2 「他者をマネジメントする」力の応用

　3章の5つの能力を、以下のようにして情報のマネジメントに応用します。

1. 受容力

状況を受け入れる
価値観の違いを受け入れる
傾聴スキルを磨く
適切な質問をする
ストレスをコントロールする

── 応用のポイント ──────────────

（1）状況を受け入れる

　たとえ目を背けたい状況であっても、様々な価値観を尊重することで、客観的に現況を受け入れて、適切に情報を取り扱いましょう。

（2）傾聴と質問

　相手の話をしっかりと聴き、質問によって確認することで正確な情報を集めます。

2. 伝達力

話す前のチェック項目（目的・状態・場所）の確認
CRF（結論・理由・具体例）で論理立てる
話す内容は3つ以内に絞る
非言語のコミュニケーションも意識する
共感で信頼を築く

――― 応用のポイント ―――

　伝える力は、情報を活用する際に求められる力です。詳細は活用力（164頁）で説明しますが、整理・統合された情報は、伝達力を活かして効率的に表現します。

（1）伝える目的に合わせて情報を整理する

　何のために情報をマネジメントする必要があるのか、まずは伝える目的（「情報を伝えたい」「一定の行動を促したい」「相手と仲良くなりたい」）を明確にしましょう。

（2）適切な状態で伝える

　情報は、伝える目的を明確にした上で、相手の状態、伝える側の状態、伝える場をそれぞれ確認してから適切な時に伝えます。

（3）情報量を絞る

　情報を伝える際に、その情報量が多すぎると、相手は整理できずに混乱してしまいます。一度に伝える情報は、3つ以内に絞りましょう。

（4）非言語を意識する

　言葉だけではなく、表情やしぐさ等を意識しながら話すことで、より情報を活かして目的を達成することができます。情報の印象をコントロールしましょう。

3. 指導力

部下のタイプを把握する
知識・技術を身につけさせる
モチベーションを高める
フィードバックする

── 応用のポイント ──────────────────────

(1) 部下のタイプに合わせる

　主観を含む情報は、相手のタイプを把握していなければ、正確さを欠いてしまいます。情報を聞き出す相手が部下の場合には、部下のタイプを正確に把握しておきましょう。また、情報を伝える際にも、部下のタイプや能力に合わせて情報（理論的・人情的）を選択します。

(2) モラルを指導する

　情報漏えいは企業に大きな損失を与えます。社内の情報取り扱いに関するコンプライアンスを徹底させましょう。

(3) フィードバックする

　情報提供者に対して、その情報がどのように役に立ったかをフィードバックすることで、次の情報を取得しやすくしておきます。

4. 調整力

PDCAサイクルで調整する
クロスSWOT分析で調整する
労働時間を調整する
人間関係を調整する

── 応用のポイント ──────────────────────

(1) PDCAサイクルを意識する

　情報を集める目的を意識しながら、PDCAサイクルにより、より正確で適切な情報を集めましょう。

(2) チーム全体で共有する

　チームに関わる情報は、チーム全体の共通認識にしましょう。また、チーム全体の仕事効率を上げるために、個々人のタイプをSWOT分析した上で、それぞれの現況を情報として把握しておきます。

5. 交渉力

| 交渉の準備(相手のリサーチ等) |
| 心理テクニックを用いる |
| 心と時間に余裕を持つ |

―― 応用のポイント ――――――――――――――――――

(1) 流れを読む

　状況を把握して、問題の本質を洗い出し、流れを意識して、どのような情報が必要となりそうかを先読みしながら情報を集めます。

(2) 心理的テクニックの応用

　相手が伏せている情報を得たい場合には、心理的テクニックやYESをとるスキルを活用しましょう。また、自分が持つ情報を効果的に開示して、情報交換をするとよいでしょう。

3 整理力

欲しい情報を欲しい時に得るために、まずは、情報を整えることが必要になります。

必要な情報を過不足なく集めて、活用しやすいようにまとめ上げることを「整理力」と定義して、磨いていきます。

1. 必要な情報は何かを考える

「今、あなたにとって必要なこと」は何でしょうか。情報をマネジメントする前に、あなたの情報収集の目的を必要性に照らして書き出しましょう。

<例：今、必要なこと>

①残業を減らしたい
②栄養のよいものを食べたい
③休みたい
④スキルアップしたい

<例：そのために欲しい情報>

①効率よく仕事する方法
②お手軽健康食について
③小旅行について、スパエステ
④資格情報、快適な勉強場所

<実践：今、必要なこと>

<実践：そのために欲しい情報>

2. 情報の集め方

情報整理の目的が決まれば、それを意識しながら情報を集めます。「必要なものを強く意識していると見つけやすくなる」という脳のメカニズムが

151

あることは、独立行政法人理化学研究所によるヒトの脳神経活動測定と理論計算によって明らかになっています。人の脳は1つの事象に対して注意を向けて集中を高めるとき、自分にとって意味ある情報だけを選別して効率的に感覚野から知覚野へ送るという「効率的選択」をしているというのです。この「引き寄せの法則」を利用して情報収集していきます。

（1）新しいことに関心を持つ

今、「日本の政治・経済状況はどうなっているのか」「話題となっている商品やサービスは何か」など世の中の動きや流れに関心を寄せましょう。業界を取り巻く環境や市場動向、顧客の消費動向に配慮するのです。いつも読んでいる経済新聞で読み飛ばしている欄はありませんか。新しく楽しいことを見逃さないようにしましょう。

また、普段の何気ない会話の中にも、役に立つ情報が隠れています。他者の話を注意深く聞いてみましょう。交際範囲を意識的に広げたり、いつもとは違う新聞紙やwebサイトを見たりしてみましょう。

（2）メモ魔になる

朝目覚めて夜眠るまで、日常生活の中で気が付いたことをメモします。その中には、目的に合った情報が含まれていることでしょう。

（3）自ら情報を発信する

具体的に「○○の情報が欲しい」と周囲に発信しておきましょう。自分では気づけないことも、他者の視点を借りることで集めやすくなります。「珍しいこと」や「面白いこと」では、自分の価値観以外も大事にして情報を集めます。

3.情報の捨て方

利用できる情報をスムーズに選択するために、以下の①〜③のようにあらかじめ、情報の捨て方を決めておきましょう。

①再度手に入るものは捨てる

原本がある場合はコピーを捨てます。

②古いものを捨てる

最新版のみ手元に残し、古いものは捨ててしまうか、デジタル化しておきます。捨てる基準として、1年ごとに捨てるなど、種類に応じてあらかじめルールを設定しておきます。なお、契約書等の原本を保持しなければならないものは、誤って捨てることのないように、色分けファイリング等をするとともに保管場所を決めておきましょう。

③確認のとれないものは捨てる

事実と意見（推測）を区別し、発信元が明らかでないもの、証拠や裏づけのとれないものは捨てます。この事実と意見（推測）は、分析力を用いて区別します。

事実	過去の客観的出来事。調査や実験で確認できること。事実の有無は証拠で判断する。
意見（憶測）	他者の考えや判断。信頼がおけるものかどうかは根拠で判断する。その根拠が正しい事実に基づくものであるかを見極める。

＜例：部下の情報を事実と意見（推測・所感）に整理する＞

『今回の発注ミスは、得意先とのコミュニケーション不足が原因で起こったものだと思います。得意先からの発注数変更の申し出を受けた営業担当のAさんが、生産担当者にきちんと伝えていなかったようで残念です。』

→この場合、事実は5W2H、意見は因果関係に基づいて整理します。

事実		意見（推測）	
誰が	営業担当のAさん	原因	●ミスは営業担当者と生産担当者とのコミュニケーション不足から起こった
いつ	今回（○月○日）		
どこ	得意先X	原因の根拠	●得意先からの発注数変更を営業担当Aさんが受けた ●生産担当者が不在だったため伝言を頼んだが正確に伝わらなかった ●担当者間の確認を怠った
なにをどうした	発注数を間違えて出荷した	所感	●残念だ

第4章

2章の応用

3章の応用

整理力

統合力

活用力

153

4. 情報の真偽の見分け方

すべての情報は何らかのバイアス（偏り、歪み、誤り等）があることを前提に読み解く必要があります。情報の真偽を必ず確認をした上で判断し、自分だけでなく部下やチームをミスやリスクから守りましょう。

（1）情報に突っ込みを入れる

その情報は、「本当なのか」「なぜそう言えるのか」と突っ込みを入れながら（疑り深く）聞き取りましょう。その際に確認するのは以下の5点です。

❶情報の5W2Hの確認

5W2Hのヌケ・モレがあった場合に、受け手が勝手にそれらを憶測してミスが発生することを防ぐ。

❷情報の発信元の確認

発信者側に、その情報を発信するメリットがないかを考えてみる。

❸当たり前のことを共通認識とする

「～だろう、～はずだ、～に違いない」と思ったこと（暗黙の了解）でも言葉にして確認することで、共通の前提条件にする。

❹データの妥当性の確認

データの母数を確認する。何をしたらそうなったのか、何と比べてどうなのかを確認する。

❺あいまいに表現されていることの確認

具体的な内容を聞き返す。印象的な数字の表現で印象操作されないようにする。

（2）情報が発せられた状況を考慮する

「結構です」「いいです」「大丈夫です」などのあいまい語は、発する状況や相手次第で真逆の意味になることがあります。

日本社会は情報も非言語で伝えることが多い'ハイコンテクスト文化'ですから、同じ情報（内容）でも、その情報の並び方、その情報がある背景や語られる文脈により情報の意味合いが変わってきます。また、意味合

いから斟酌されてしまう場合もあります。情報を正しく扱うためには、その情報を取り巻く状況を読み取りましょう。

【語句説明】

ハイコンテクスト文化
……言葉以外に状況や文脈も情報として伝達する文化。周りとの共通認識の下で非言語の果たす役割が大きい。

ローコンテクスト文化
……言葉に表現された内容のみが情報としての意味を持つ文化。言語表現での正確性や具体性を大事にする。

（3）情報には他者の意図があることを前提にする

　インターネットの世界は、他者の意図に支配された世界であることを前提に利用するようにしましょう。自分で情報を選んで情報を管理しているつもりでも、実は他者に誘導され、他者に選択された情報を見せられているかもしれない、と考えて主体性を守ります。

　同様にマスコミで流される情報も、スピンコントロール（情報操作）されている可能性があることを前提に、裏読みも必要です。自分の頭で考える習慣をつけましょう。

5. 情報のまとめ方

　集めた情報は、必要なときに使えるように整えておかなければなりません。上記の方法で集めた情報を、以下の方法で整理しましょう。

（1）デジタル化する

　大量の情報の中からスムーズに情報を取捨選択するために、データはできるだけデジタル化します。たとえば、業務用マニュアルや会議の議事録等はデジタル化によってその内容が一覧でき、他者や過去との比較ができます。また、デジタル化するとコンパクトにして持ち運べるようになりますので、必要な時に提示しやすくなります。

155

（2）LATCHの法則

　リチャード・S・ワーマン（Richard Saul Wurman）が提唱したLATCH
の法則（「情報量は世の中に無限に近いくらい存在しているが、その整理す
る基準は5つしかない」）は、複数の情報を整理するのに役立ちます。❶
Location（位置）❷ Alphabet（日本では五十音）❸ Time（時間）❹ Category
（分野）❺ Hierarchy（階層）の基準に基づいて、情報を整理します。

	内容	例
Location （位置）	情報の物理的、空間的な位置で整理する	案内図、相関図、Webのサイトマップ
Alphabet （五十音）	五十音（アルファベット）に基づいて整理する	名簿、電話帳、辞書、製品リスト、索引
Time （時間）	時間軸に基づいて整理する	年表、カレンダー、予定表
Category （分野）	情報が属するジャンル、カテゴリーで整理する	商品棚、カタログ
Hierarchy （階層）	情報の重要度、頻度、程度等の違いによって整理する	売れ筋ランキング、組織図、検索エンジンの表示順位

（3）図表にする

　集めた数値情報は、表やグラフにして分かりやすくします。

比較して考える	棒グラフ→量的な推移
	折れ線グラフ→時系列変化や推移の比較
	円グラフ→全体の中の割合
	帯グラフ→構成率の変化
分類して考える	MECEを意識する（全体が把握できる）
	ベン図で視点の重なりや関係性を見る
序列化して考える	ロジックツリーや階層図を使う
関連づけて考える	マップ化する

（4）アウトプットを意識する

インプットした情報は「話す」ことや「書く」ことで、整理できます。

アメリカのパデュー大学のカーピック（Jeffrey Karpicke）の研究では、「入力（聞く・読む）を繰り返すよりも、出力（話す・書く）を繰り返す方が、脳回路への情報の定着がよい」という結果が出ています。「得た情報を他者に分かりやすく説明する」ことを前提にすることで、情報集めやまとめの効率が上がります。

ちょっとブレイク　仕事のミスを防ぐ4S

作業の現場でよく耳にする'4S'「整理・整頓・清潔・清掃」は、イメージとして分かっていても、その違いを明確に言える人は意外に少ないものです。

「整理」とは、必要なものと必要でないものに分け、不要なものを捨てる(=必要なものを残す)こと。「整頓」とは、必要なものを秩序立てて(使いやすいように)整えること。「清潔」は、きれいな状態。「清掃」はそれらのために行う作業のことです。この'4S'は仕事でのミスを防ぐ基本中の基本。この'4S'に躾(習慣化)のSを加えて職場環境改善と業務改善を目指すのが'5S活動'です。これらの'S'を情報マネジメントにも応用してミスを防ぎましょう。

（整理力） まとめてチェック ☑

☐ 目的のために過不足なく情報を集める

☐ 捨てるルールをつくる

☐ 情報に突っ込みを入れる

☐ デジタル化する

☐ LATCHの法則や図表にする

☐ アウトプットを意識する

統合力

　情報は、整理して列挙するだけでは役に立ちません。情報は組み合わされることで意味を成します。ここでは、整理した情報を意味づけすることで新たな情報を創り出す力を「統合力」とします。意味づけされた情報は新たな情報となり、さらに他の情報と統合することで総和以上の価値を生みます。

1.俯瞰する

　集めて整理した情報は課題（テーマ）に合わせて俯瞰してみましょう。俯瞰とは、高いところから見下ろすという意味であり、情報全体を時間・空間・仲間（人間）の3つの「間」ごとに客観的に整理することで、新たな関係性を見つけ出し、有用な情報をつくり出していきます。

(1)時間を俯瞰する

　整理した情報は、過去の積み重ねの中で生まれたものです。時間軸ごとに整理してみましょう。意味がないと思える情報も、別の過去の情報と合わせることで重要な意味を持つ情報となる可能性があります。また、現在の情報に基づいて未来を予測でき、危機管理につながることもあります。

(2)空間を俯瞰する

　今いる空間（環境）を俯瞰してみましょう。部署間、企業間、業界間、それぞれの状況を整理します。それぞれのニーズを把握することによって、新たな解決策や妥協案を生み出すことができます。情報の統合によって問題解決の幅が広がるのです。

(3)仲間(人間)の気持ちを俯瞰する

　情報に触れたときの人の気持ちや考えが、その次の情報に与える影響は

小さくありません。他者の立場になり、その気持ちを聞き出すことで、適切に現況を把握し、冷静な行動につなげます。

2. 概念化する

集めた具体的な情報を自己の視点で分析（具体化）して、構造的にとらえて一般化（抽象化）し、さらにそれを分かりやすく組み立てることを概念化といいます。つまり、概念化とは、その情報の本質を把握することです。

情報に接したら、「だから何？」（抽象化）、「それってどういうこと？」（具体化）とあなたの課題に合わせて考える習慣を持ち、情報を統合する力を磨きましょう。

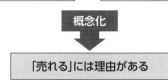

(1) 抽象化

集めた具体的な情報を「概ねこういうこと」と要約して一般化・言語化することを抽象化といいます。情報全体、あるいはグルーピングされたものの中からテーマ（課題）にとって有用な要素を重点的に取り出して意味づけをします。

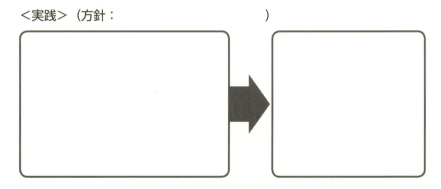

（2）具体化

　具体化とは抽象化の逆で、構造化された事象の要素をばらばらにして説明することです。抽象的な事象に対して、「たとえばこういうこと」と具体的に表現することで、個々人の情報を全体の共通情報につくり上げています。

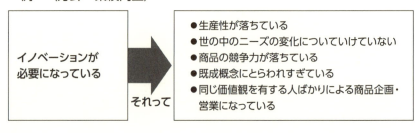

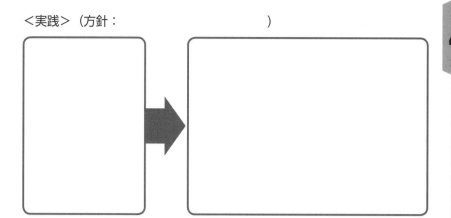

<実践>（方針：　　　　　　　　　　　　　　）

3. 帰納的に意味づける

　個別の具体的情報に共通することを見つけ出し、そこから何が言えるか意味づけをしていきます。たとえば、AからDが分かり、BからDが分かり、CからDが分かった場合、AからCの共通点からはDとなると結論づけることができます。

　なお、集めた情報は全部を網羅しているとは限らないので、帰納的に出した結論は推論になることもあり、必ずしも正しいとはいえません。本当にそういえるのか、検証が必要となります。

4. 演繹的に意味づける

　ある状況を示す複数の情報を統合してその中から、一定のルールや法則を見つけて別の意味合いを見い出します。つまりそのルールや法則を前提にして、結論を導き出します。たとえば、AがBと等しく、BとCが等しいならば、AとCが等しいという結論になります。

<例>

　住宅ローンの申請希望者には、その内容の詳しい説明が必要である。住宅ローンの申請希望者が、銀行に来た。よって、銀行はその方に住宅ローンの詳しい説明が必要である。

5. 統合力で苦境を乗り越える

　仕事をしていると、うまくいくことばかりではありません。周りの状況変化や予想外の事態に大きく自尊心を揺るがされたり、自分の限界を感じ希望や可能性がなくなる虚しさに襲われ、「自分がしてきたことは何だったのか」「自分はこんなことをしているだけでいいのか」と悩み、自分を見失いそうになることがあるかもしれません。

　そんなときこそ「新たな自分を開拓する」（イノベーション）の絶好のタイミングだととらえましょう。

　これまでの出来事を集めて、その情報に前向きな意味づけをしましょう。過去の成功体験の共通項から、未来を予測するのです。

　社会の問題や人生の問題には、絶対的な「正解」はありません。自らの経験（情報）を整理して、分析して、再構築して、肯定的な意味づけを行うことで、最善解を見つけ出していきましょう。

（ 統合力 ）　まとめてチェック ☑

- ☐ 情報を俯瞰して意味づける
- ☐ 情報を概念化する
- ☐ 情報を帰納的・演繹的に意味づける

管理職に大切な3つの能力

　管理職には、様々なスキルが求められます。ハーバード大学のロバート・カッツ（Robert Katz）は、そのマネジメント能力の概念を大きく3つのスキル①「コンセプチュアルスキル」②「ヒューマンスキル」③「テクニカルスキル」に分類し整理しています。

①テクニカルスキル（担当する業務を遂行するための業務遂行能力）
　　例：会社や業界、商品の知識・業務遂行力・販売やサービスのテクニック等
②ヒューマンスキル（仕事上の人間関係を構築するための対人関係能力）
　　例：人に対する理解力・コミュニケーション力・OJT力・リーダーシップ等
③コンセプチュアルスキル（仕事を取り巻く状況を構造的に捉え、物事の本質を見極めるための概念化能力）
　　例：問題発見力、解決力・創造力・未来への見地・総合的判断力等

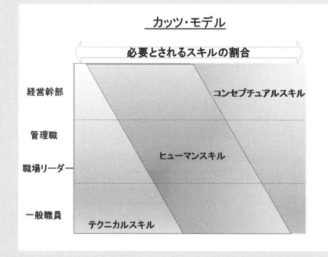

　マネジメントの最初の階層では、①テクニカルスキルを求められます。
　マネジメントの上位階層にいくにしたがって、①テクニカルスキルより②ヒューマンスキルが、さらには②ヒューマンスキルより③コンセプチュアルスキルがより多く求められるようになります。

5 活用力

　目的に合わせて整理し統合された情報の内容を確実に理解した上で使いこなす力が、活用力です。ここでは、情報を実生活で使いこなす活用力を、考察力、判断力、表現力に分けて磨いていきます。情報を活用して、あなた自身や他者の考え方、行動を変えていき、より働きやすい環境をつくりましょう。

1. 情報を確実に理解する
　自分がその情報を確実に理解できていなければ、他者にその情報を用いて物事を説明（説得）することはできません。そこで、整理・統合された情報をさらに考察することでその情報の理解を深めます。

　主張に対して「〜とはどういうことか」（Why so?）とその根拠を、「〜とはどういうことか」（So what?）と主張（結論）を見直します。

(1) 主張を見直す
　情報の内容が主張したいことと一致しているかを考えます。その情報を集めた目的を見直しましょう。
　例）新規顧客開発（主張）、そのための「顧客に関する統計表」（情報：根拠）、さらに、その統計表の元となった情報（基本の情報：根拠）

(2) 根拠を考える
　その情報を理解し活用するために必要となる情報（基本の情報）は備わっているでしょうか。反論されてもそれに再度反論できるように基本の情報を理解している必要があります。そこで、その情報が主張に対する根拠

となっているかを考えます。「○○（情報の内容）だから～と主張できる」
と文章になるか当てはめて考えてみましょう。

　なお、基本情報を理解するためには、その業界や市場についての基本知
識が前提です。情報の整理、統合において、それらの知識は習得しておき
ましょう。

（3）行間を読む

　個々の情報が自分ではなく他者がつくり上げたもの、または他者を通じ
て得た情報であれば、その情報がつくり上げられた環境（人、時間、場面）
を分かっておかなければ情報を読み違えてしまいます。５Ｗ２Ｈを用いて、
なぜ、なにを、いつ、だれから、どこで、どのように、どれだけの情報を
得たのかを見直しておきましょう。

２.情報をもとに判断する

　これは、2章で説明した決断力に似ていますが、ここで判断することと
は、整理・統合された情報に対して、自分がどのような思いや考えを持っ
たかをまとめることをいいます。判断と決断はいつも一致するとは限りま
せん。外的に意味づけされた情報に対して自分個人の意見としての内的思
いを定めましょう。

（1）洞察力を養う

　自分の意見を持つ練習をします。ここで、洞察力とは情報の中から自分
で一定のルールや法則など本質的なものを見つけ出す能力と定義します。
一の情報から連想できる（関連する）内容の情報を見つけ出し、それらを
整理し、統合して、自分なりのルールや法則を見つけ出して自分の意見を
組み立てましょう。

（2）仮説をたてる

　基本情報を集めて見直したら、洞察力に基づいて、そこから主張するこ
とにたどり着くかを検証します。基本情報から主張にたどり着くだろうと

仮説を立てて集めた情報ですが、実際に主張の根拠となっているかを検証します。この仮説と検証を繰り返すことで、情報の理解が深まるだけでなく、自分の判断力が鍛えられます。

（3）判断と決断は一致しなくてもよい

　情報を用いる状況によっては、情報に基づく自分の判断と決断が異なります。自己の意見も大事ですが、管理職として会社（や部下）を優先した結論を出すことも必要だからです。

３．情報を用いて表現する

　どんなに有用な情報であっても、それを効果的に表現できなれば意味がありません。整理・統合された情報を、適切な場面で表現できるようにしましょう。つまり、3章で説明した伝達力（100頁）のように、自己や他者を動かすように情報を活用します。

（1）情報を提供する状況に配慮する

　「メンバーが良い仕事をするために必要な情報（目的達成というゴールへの筋道を示すもの）を適時提供していくことが管理職の重要な役目」とするリーダーシップ条件適応理論（パス・ゴール理論）に基づいて、適切な情報提供時を学びましょう。

①いまの部下を把握する

　部下がどんな状態かを把握して、部下の情報等の受け入れ態勢を確認します。部下を取り巻く環境（現在進捗中の仕事内容、組織の中の立ち位置等）と、部下自身の要因（能力や性格、経験等）には、3章で説明した調整力を用いましょう。なお、Aさんだからいつもaという方法を用いると決めつけずに、いまのAさんの状況を客観的な視点で適切に把握するよう努めましょう。

②自分のスタイルを使い分ける

部下を適切に動かすためには、部下の状況に合わせた情報の渡し方をする必要があります。次の4つのリーダーシップのスタイルを参考に道筋を示して、部下の行動変容を促しましょう。

部下の状況 ➡	スタイル	情報の渡し方
●経験が浅く、スキルも未熟 ●チームとしてすべきことがあいまいな場合や混乱がある	指示型	問題解決志向で、具体的な指示にして逐次提供する
●すべきことが理解されているがまだ完全に任せられない ●チームのまとまりにサポートが必要	支援型	意見で情報交換し、感情的な配慮や気配りをしながら必要に応じ提供する
●スキルや能力ともに高く、自立して仕事を進めることができる	参加型	決める前にメンバーの意見を尊重し、情報交換して有効なものは活用する
●モチベーションが下がってきている ●困難な目標達成をチームでしていかなければならない	達成型	ビジョンと目標を示し、熱意を込めてメンバーに全力を尽くすように求める

③判断を鈍らせる原因を排除する

原因	対処方法
目的があいまいになっている	仕事全体から見た目的を常に意識しておく
他者を配慮しすぎる	その配慮が妥当かの判断をするため物事の優先順位を明確にする
失敗を恐れている	根拠となる情報を増やす

ちょっとブレイク　組織の3要素

　アメリカの経営学者チェスター・バーナード(Chester Barnard)は、人の集まりが単なる集団(グループ)から組織(チーム)を構成して存続するためには、「共通の目的」「貢献意欲」「コミュニケーション」の3つの要素が必要だと定義しました。

　チームメンバー各自が共通認識した目的のために、貢献したいという気持ちで仕事を進められるように、この3要素を意識した情報のやりとりをして組織をまとめましょう。

167

（2）率直な気持ちを表現する

　情報を活用するときには、活用する人の気持ち（要望）が必ず付随しています。その気持ちは隠さないで素直に表しましょう。

　DESC法は、相手に自分の状況や要望を伝える際に役立つ方法です。一方的に要求をするのではなく、提案をして相手の意向を確認（相手を尊重）する型になっているので相互理解の上、情報を活用できます。

　「（D）客観的状況」⇒「（E）主観的気持ち」⇒「（S）具体的提案」⇒「（C）選択肢・結論」の流れのうち、「（E）主観的気持ち」を意識して情報を伝えましょう。

DESC法		例 ≪仕事を早く仕上げてほしいとき≫
D Describe （描写する）	●状況を事実のみで描写する	明後日の午前10時が提出期限です。提出前に記載モレがないか確認が必要です（事実なので言い切り型にする）
E Express （表現する）	●その事実に対する自分の素直な気持ちを表現、説明する ●自分の気持や思いを建設的に的確に述べ感情的にならないように述べる。相手が共感できる点を考えて述べる	期限ギリギリになると確認作業が間に合わないのではないかと心配です。 対応時間に余裕があると丁寧に確認できて、私も安心です
S Suggest （提案する）	●事実（D）と気持ち（E）に対して、相手に望む行動や解決策・妥協案などを具体的に提案する ●現実的で小さな行動で済むような提案にする	期限前の早めの提出をお願いしたいのですが、明日お昼休み前までに提出いただけますか
C Choose （選択する）	●提案（S）に対する相手に実行可能な具体的な選択肢を示す ●相手の反応がYESとNOの場合それぞれ予測しておく	＜YESの場合＞ ありがとうございます。では明日のお昼までによろしくお願いします ＜NOの場合＞ 提出はいつごろになりますでしょうか

（3）自分の立場を意識した表現にする

　管理職としての意見や判断であることを前提にして、情報を伝えます。ただの思いつきや直感ととられては説得力がなくなり信頼が揺らぎます。そこで、情報を提供する経緯を、過去と現在を結んだ延長線上に将来を予測

して伝えることで納得してもらえるようにしましょう。

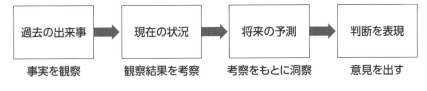

4. 整理、統合、活用を繰り返す

　情報の活用は、仕事を進めるためだけでなく、あなたとあなたの周りの意識、考え方、行動、状況に変化をもたらす作業でもあります。

　世の中の仕組み、社会の情勢、歴史の流れ、自分以外の人の経験など常に最新の情報を整理、統合、活用を主体的に繰り返すことで先を読む力をつけて未来を拓いていきましょう。

（ 活用力 ） まとめてチェック

- ☐ 情報を確実に理解する
- ☐ 情報に基づく判断をする
- ☐ 情報を用いて表現する

おわりに

　これからの時代を生きる女性のあなたに
　「キャリアアップもプライベートでの充実もどちらも諦めないでほしい」「自分の理想とするワークライフスタイルを実現してほしい」「幸せになってほしい！」そんな願いから本書をつくりました。

　私は、ビジネスセミナーや企業研修で講師をしています。そこで、様々な業界、職種、境遇、年齢の女性たちに出会ってきました。女性の活躍が推進されてきているとはいえ、実際には「彼女たちが仕事で希望する通りに活躍できている」とはいいがたい状況を感じていました。
　そして、もっと女性が社会で働きやすいように官民挙げて社会変革しょうと『女性活躍推進法』が施行されました。働く女性にとっての好機にもかかわらず、この'女性活躍推進'の流れに冷ややかな女性が圧倒的に多いのです。
　なぜ冷ややかなのでしょうか。
　'女性の活躍推進'は、グローバル化する日本社会が先進国に伍するためや企業の成長戦略としての人材活用の観点から語られます。その際、女性の活躍を「推進 する」の主語は、企業や組織のリーダー（ほぼ男性）です。「女性に活躍してもらえるようにします」と言われても、それは従来の男性優位社会の枠組みの中でのこと。社会や企業から、「活躍しましょう！」「輝きましょう！」と言われるたびに、言葉の向こうに透けて見える意図に違和感を抱いてしまうのです。日々取り組んでいる'普通'の仕事の積み重ねの結果でしか、'活躍'も'輝き'も得られないことを女性はよく分かっています。そして、その'普通'がままならない女性が多くいるのです。「普通に働きたい」「普通に働き続けたい」と願う女性にとって「女性の活躍」は、なんだか男性社会の都合のいいもの、結局は女性には負担だけが増えること、に思えて冷ややかに引いてしまうのです。
　そんな女性たちにも、どうしたらもっと仕事や生活の充実が図れるのかと考えたとき、まず個々の力のレベルアップを図ってほしいと思うようになりました。

そこで、本書では、働く女性側からの立場で‘女性活躍推進’をとらえ、女性が主体的に‘活躍する’力をつけられるようにしました。

　自分が実力を発揮できないことを、いつも何かのせい（こんな職場だから、女だから、若いから、家庭があるから、子どもがいるから、時間がないから、……）にして、自分に言い訳を用意しておく思考回路では幸せにはなれません。

　セミナーや研修でスキルアップした女性が自信をつけて仕事で活躍しているように、本書からヒントを得て‘あなたらしい活躍’への第一歩にしていただきたいと思います。

　1章でみてきたように、社会は変革せざるをえない状況です。今後ますます女性の活躍が推進され男女共同参画社会が実現すると、仕事では性差に関係なく個々人の能力で評価されるようになります。生産性の高い仕事ができるかどうか、あなたならではの力を発揮できているかが問われます。だからこそ、今からしっかりと「力量」を上げておくことが必要なのです。そして、あなたが本書でスキルアップした力を活用して、あなたが理想とするものを得てください。女性の働き方・生き方の選択肢が増え迷うことがあっても、自己の力で選択結果を最善解にしてください。

　この本を読んだあなたならきっとできます！

　あなたには、女性ならではの素晴らしい力が備わっています。あなたが、その力を磨き総合力として発揮して、あなたの人生を生きたいように生き、成したいことを成すことこそ、後に続く女性たちの活躍を推進することになるでしょう。

　最後になりますが、この本の制作にあたって、一緒に考えてくださって、まさに女性ならではの力でいつも助けてくださった株式会社ビジネス教育出版社編集部の小林朋恵さんには心から感謝いたします。そして、仕事や講座でご縁をいただいた皆様、いつも私を支えて励ましてくれる仲間に、この場を借りて御礼をいわせてください。本当にありがとうございます。

参考図書一覧 (※五十音順)

▶ AERA編集部編『「女性にやさしい」その先へ 資生堂ショック から新しい働き方を考える』(朝日新聞出版、2016)

▶ 淺羽茂著『日本企業の競争原理―同質的行動の実証分析』(東洋経済新報社、2002)

▶ アルバート・エリス著、斉藤勇訳『性格は変えられない、それでも人生は変えられる―エリス博士のセルフ・セラピー』(ダイヤモンド社、2000)

▶ アンドリュー・ニューバーグ＝マーク・ロバート・ウォルドマン著、川田志津訳『心をつなげる―相手と本当の関係を築くために大切な「共感コミュニケーション」12の方法』(東洋出版、2014)

▶ 池田光著『中村天風 口ぐせにしたい「奇跡の言葉」』(三笠書房、2006)

▶ 岩田喜美枝＝菅原千枝著『女性はもっと活躍できる！―女性活躍推進の課題とポイント』(21世紀職業財団、2015)

▶ ウイリアム・グラッサー著、柿谷正期訳『グラッサー博士の選択理論―幸せな人間関係を築くために 』(アチーブメント出版、2003)

▶ 植田寿乃著『会社の未来は女性が拓く！』(日本経済新聞出版社、2014)

▶ エイドリアン・メンデル著、坂野尚子訳『女性の知らない7つのルール―男たちのビジネス社会で賢く生きる法』(ダイヤモンド社、1997)

▶ エドガー・H.シャイン著、金井壽宏訳『キャリア・アンカー―自分のほんとうの価値を発見しよう』(白桃書房、2003)

▶ エレーヌ・フォックス著、森内薫訳『脳科学は人格を変えられるか？』(文藝春秋、2014)

▶ 大久保幸夫＝石原直子著『女性が活躍する会社』(日本経済新聞出版社、2014)

▶ 大島洋著『管理職の心得―リーダーシップを立体的に鍛える』(ダイヤモンド社、2010)

▶ 金井壽宏著『働くひとのためのキャリアデザイン』(PHP研究所、2002)

▶ カール・G.ユング著、松代洋一＝渡辺学訳『自我と無意識 』(第三文明社、1995)

▶ グロービス経営大学院編著『グロービスMBAマネジメント・ブック［改訂3版］』(ダイヤモンド社、2008)

▶ グロービス経営大学院編著『グロービスMBAマーケティング［改訂3版］』(ダイヤモンド社、2009)

▶ 経団連出版編『企業力を高める―女性の活躍推進と働き方改革』(経団連出版、2014)

- シェリル・サンドバーグ著、村井章子訳『LEAN IN（リーン・イン）―女性、仕事、リーダーへの意欲』(日本経済新聞出版社、2013)

- シーナ・アイエンガー著、櫻井祐子訳『選択の科学―コロンビア大学ビジネススクール特別講義』(文藝春秋、2010)

- ジュリー・K.ノレム著、西村浩監修、末宗みどり訳『ネガティブだからうまくいく』(ダイヤモンド社、2002)

- ジョン・ガーズマ＝マイケル・ダントニオ著、有賀裕子訳『女神的リーダーシップ―世界を変えるのは、女性と「女性のように考える」男性である』(プレジデント社、2013)

- スマートエイジングネット編著『「女活」の教科書―女性活躍推進―あなたも本書で女活マネジメントを会得！企業編』(マスターリンク、2015)

- 高田朝子著『女性マネージャー育成講座』(生産性出版、2016)

- D・カーネギー著、山口博訳『人を動かす［新装版］』(創元社、1999)

- 照屋華子＝岡田恵子著『ロジカル・シンキング―論理的な思考と構成のスキル』(東洋経済新報社、2001)

- 中田亨＝久保友子＝笹山尚人監修『職場の重大トラブル防止ブック―組織と働く人を守る』(現代けんこう出版、2016)

- 中野円佳著『「育休世代」のジレンマ―女性活用はなぜ失敗するのか？』(光文社、2014)

- 中村天風著『君に成功を贈る』(日本経営合理化協会出版局 、2001)

- 仲山進也著『今いるメンバーで「大金星」を挙げるチームの法則―「ジャイアントキリング」の流儀 』(講談社、2012)

- 波頭亮著『思考・論理・分析―「正しく考え、正しく分かること」の理論と実践 』(産業能率大学出版部、2004)

- 日本婦人団体連合会編『女性白書2016―「一億総活躍社会」と女性』(ほるぷ出版、2016)

- 野村正實著『日本的雇用慣行―全体像構築の試み』(ミネルヴァ書房、2007)

- 野村るり子著『面白いほど身につく論理力のドリルブック―7つの思考力・ツールでビジネスや日常生活で問題解決力がｕｐする！』(中経出版、2005)

- 野村るり子著『30秒で人を動かせ！』(あさ出版、2009)

- パット・ハイム＝スーザン・K.ゴラント著、坂東智子訳『会社のルール―男は「野球」で、女は「ままごと」で仕事のオキテを学んだ』(ディスカヴァー・トゥエンティワン、2008)

- ▶ パトリック・アマール著、井上大輔＝竹澤りか＝向井明代訳『部下へのモヤモヤがなくなる上司のための心理学』(クロスメディア・パブリッシング、2012)
- ▶ バーバラ・ミント著、グロービス・マネジメント・インスティチュート監修、山崎康司訳『考える技術・書く技術―問題解決力を伸ばすピラミッド原則』(ダイヤモンド社、1999)
- ▶ 濱口桂一郎著『働く女子の運命』(文藝春秋、2015)
- ▶ 平木典子著『アサーション・トレーニング―さわやかな〈自己表現〉のために』(日本・精神技術研究所、1993)
- ▶ ベティ・L.ハラガン著、福沢恵子＝水野谷悦子訳『ビジネス・ゲーム―誰も教えてくれなかった女性の働き方』(光文社、2009)
- ▶ 堀公俊著『ビジュアルビジネス・フレームワーク』(日本経済新聞出版社、2013)
- ▶ 堀公俊＝加藤彰＝加留部貴行著『チーム・ビルディング―人と人を「つなぐ」技法』(日本経済新聞出版社、2007)
- ▶ 村上由美子著『武器としての人口減社会―国際比較統計でわかる日本の強さ』(光文社、2016)
- ▶ 山口理栄＝新田香織著『さあ、育休後からはじめよう―働くママへの応援歌[改訂版]』(労働調査会、2016)
- ▶ 吉原正彦編著『メイヨー＝レスリスバーガー：人間関係論』(文眞堂、2013)
- ▶ リチャード・S.ワーマン著、金井哲夫訳『それは「情報」ではない。―無情報爆発時代を生き抜くためのコミュニケーション・デザイン』(エムディエヌコーポレーション、2001)
- ▶ リチャード・N.ボウルズ著、リクルートワークス研究所監修、花田知恵訳『あなたのパラシュートは何色？―職探しとキャリア・チェンジのための最強実践マニュアル』(翔泳社、2002)
- ▶ 麓幸子＝日経BPヒット総合研究所編『女性活躍の教科書―会社を強くする―明日からできる「輝く会社の人材戦略」』(日経BP社、2016)
- ▶ ロザベス・モス・カンター著、高井葉子訳『企業のなかの男と女―女性が増えれば職場が変わる』(生産性出版、1995)
- ▶ ロバート・B.チャルディーニ著、社会行動研究会訳『影響力の武器―なぜ、人は動かされるのか』(誠信書房、2007)

著者略歴

岡田　東詩子 （おかだ　としこ）

株式会社ホープス　教育コンサルタント

有限会社アルファプラン代表

　複数の教育研修会社で数多くの研修プログラムの研究・企画・作成にあたり、講師としても年間 1500 名を超えるビジネスパーソンや大学生等を指導。大学在学中、ＮＨＫ福岡放送局、ＦＭ福岡放送等で番組アシスタントやレポーター等を務めた経験や、メーカー勤務後専業主婦を経て起業した経験を活かし、コミュニケーション、ロジカルシンキング、プレゼンテーション、ファシリテーション、キャリアデザイン等を主なテーマに、ビジネスセミナーや大手企業の研修、厚生労働省人材育成支援事業や早稲田大学オープンカレッジ等で講座を実施。

総合力 ～女性が活躍する社会に必要な15のマネジメント能力を磨いて、新しいあなたを創り出す～

2017 年 9 月 25 日　初版第 1 刷発行

著　者　**岡　田　東詩子**

発行者　**酒　井　敬　男**

発行所　株式会社 **ビジネス教育出版社**

〒 102-0074　東京都千代田区九段南 4 - 7 - 13
TEL 03（3221）5361（代表）／FAX 03（3222）7878
E-mail▶info@bks.co.jp URL▶http://www.bks.co.jp

装丁・本文デザイン・DTP ／㈲エルグ　　印刷・製本／シナノ印刷㈱
落丁・乱丁はお取り替えします。

ISBN978-4-8283-0673-5

本書のコピー、スキャン、デジタル化等の無断複写は、著作権法
上での例外を除き禁じられています。購入者以外の第三者による
本書のいかなる電子複製も一切認められておりません。